8. Schuljahr

J. Krampe & R. Mittelmann

Mathe-Training zur Wiederholung & Festigung

8

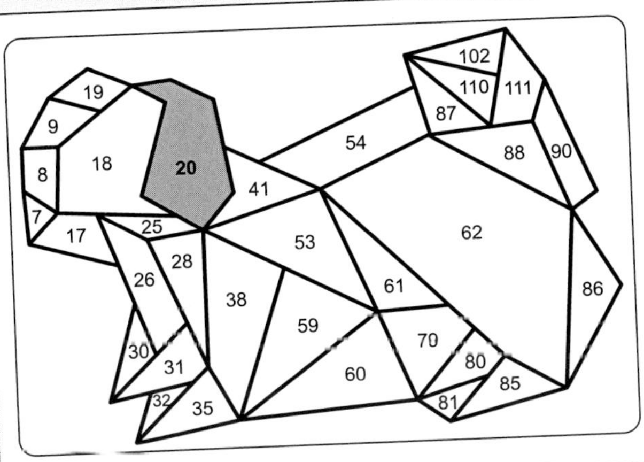

Lineare Gleichungen mit Natürlichen Zahlen 13

Bestimme die x-Werte und male alle Felder mit den x-Werten mit einer Farbe an.

Aufgabe	x =
x + 15 = 35	20
91 – x = 83	
x + 37 = 65	
48 + x = 150	
77 – x = 39	
x – 27 = 58	
x + 39 = 100	
55 + x = 90	
200 – x = 89	

Aufgabe	x =
70 = x + 45	
31 = x – 49	
100 = 12 + x	
33 = 51 – x	
12 = x – 19	
27 = 80 – x	
18 = 80 – x	
82 = x + 41	
117 = 58 + x	

AUSMALEN

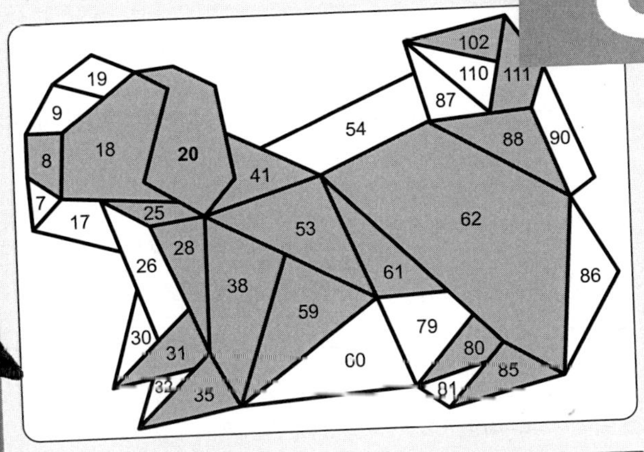

Lineare Gleichungen mit Natürlichen Zahl

– LÖSUNG –

Aufgabe	x =
x + 15 = 35	20
91 – x = 83	8
x + 37 = 65	28
48 + x = 150	102
77 – x = 39	38
x – 27 = 58	85
x + 39 = 100	61
55 + x = 90	35
200 – x = 89	111

Aufgabe	x =
70 = x + 45	25
31 = x – 49	80
100 = 12 + x	88
33 = 51 – x	18
12 = x – 19	31
27 = 80 – x	53
18 = 80 – x	62
82 = x + 41	
117 = 58 + x	

SMALEN

1 2 3

- **45 motivierende Übungen**
- **3 Differenzierungsstufen**
- **Erfolg durch Selbstkontrolle**

Lernen mit Erfolg
KOHL VERLAG
www.kohlverlag.de

Mathe-Training ... zur Wiederholung & Festigung / Klasse 8

45 motivierende Übungen in 3 Differenzierungsstufen

1. Auflage 2024

Inhalt: Jörg Krampe und Rolf Mittelmann
Umschlagbild: Kohl-Verlag
Redaktion: Kohl-Verlag
Grafik & Satz: Kohl-Verlag
Druck: farbo prepress GmbH, Köln

Bestell-Nr. 12 996

ISBN: 978-3-98841-062-7

Bildquellen:

AdobeStock.com:

S. 5: Bitter; **S. 7:** Alexander; **S. 9:** Suryadi; **S. 11-16:** Mykola Syvak; **S. 23+25:** Altop Media; **S. 27:** Chief Design; **S. 29+30:** Mykola Syvak; **S. 31-34:** Malika; **S. 41:** tutti_frutti; **S. 43:** kornkun; **S. 45:** digistock; **S. 65+66:** anna42f; **S. 67+68:** Malika; **S. 69+70:** MicroOne; **S. 83+84:** Rzoog; **S. 85+86:** anna42f; **S. 87+88:** MicroOne; **S. 89:** attaphong, SUE; **S. 90:** attaphong; **S. 91:** attaphong, Comauthor; **S. 92:** attaphong; **S. 93:** attaphong, Timo; **S. 94:** attaphong

Unsere Lizenzmodelle

Der vorliegende Band ist eine Print-Einzellizenz

Sie wollen unsere Kopiervorlagen auch digital nutzen? Kein Problem – fast das gesamte KOHL-Sortiment ist auch sofort als PDF-Download erhältlich! Wir haben verschiedene Lizenzmodelle zur Auswahl:

	Print-Version	PDF-Einzellizenz	PDF-Schullizenz	Kombipaket Print & PDF-Einzellizenz	Kombipaket Print & PDF-Schullizenz
Unbefristete Nutzung der Materialien	x	x	x	x	x
Vervielfältigung, Weitergabe und Einsatz der Materialien im eigenen Unterricht	x	x	x	x	x
Nutzung der Materialien durch alle Lehrkräfte des Kollegiums an der lizensierten Schule			x		x
Einstellen des Materials im Intranet oder Schulserver der Institution			x		x

Die erweiterten Lizenzmodelle zu diesem Titel sind jederzeit im Online-Shop unter www.kohlverlag.de erhältlich.

Inhaltsverzeichnis

Differenzierung:

ohne Stern: Basiswissen, Basisniveau
mit* : Grundwissen, mittleres Niveau
mit : Erweitertes Wissen, anspruchsvolleres Niveau**

MATHE-TRAINING ... zur Wiederholung & Festigung / Klasse 8 – Bestell-Nr. 12 996
KOHL VERLAG

Vorwort

Liebe Kolleginnen, liebe Kollegen,

diese Sammlung von Kopiervorlagen orientiert sich an wesentlichen Inhalten der Mathematik im 8. Schuljahr.

Dabei geht es gleichermaßen um Aufgaben zum Leisten wie auch um Aufgaben zum Lernen. So erhält die Lehrperson zusätzliche Übungen, die das Aufgabenmaterial *unabhängig vom Schulbuch* ergänzen können.

Jedes Übungsblatt enthält neben den Trainingsaufgaben eine motivierende Gestaltung der Selbstkontrolle in Form von Rechenspielen in 5 verschiedenen Variationen. Dadurch wird der Einsatz in *Übungsphasen des Unterrichts*, im *Förderunterricht*, in *Vertretungsstunden* und bei den *Hausaufgaben* erleichtert.

Zu jedem Lerninhalt gibt es 3 verschiedene Aufgabenseiten in 3 verschiedenen Schwierigkeitsgraden von leicht bis schwer. Dabei wurde bewusst jeweils die Spielform beibehalten, um der Lehrperson den Einsatz zu erleichtern.

Die Übungsseiten umfassen jeweils maximal 20 Aufgaben, so dass sie sich gut zeitlich in den Unterricht einbauen lassen bzw. als *Hausaufgabe* einen nicht zu großen Zeitaufwand erfordern.

Das exakt gegliederte Inhaltsverzeichnis mit Angabe des Lerninhalts, des Aufgabentyps und der Spielform der Selbstkontrolle und die gute Verfügbarkeit als Kopiervorlagen mit Spielregeln für die Schülerinnen und Schüler ermöglicht einen schnellen, zielgerichteten Zugriff.

In diesem Sinne – viel Spaß wünschen der Kohl-Verlag sowie

Jörg Krampe & Rolf Mittelmann

Jörg Krampe und Rolf Mittelmann ...

- ➔ langjährig erfahrene Lehrer und Rektoren an Grund- und Hauptschulen
- ➔ Erfahrungen in der Lehrerausbildung als Fachleiter bzw. stellvertretender Seminarleiter
- ➔ Schulbuchautoren
- ➔ zahlreiche Publikationen zu methodischen und didaktischen Themen verschiedener Fächer der Primar- und Sekundarstufe I, besonders zu Lern- und Übungsspielen

Rechnen mit positiven und negativen Zahlen

1

Rechne aus und ordne aus dem Schlüssel die richtigen Buchstaben zu.
Trage sie im Lösungssatz von hinten nach vorn ein.

Aufgabe	Ergebnis	Buch-staben
(+ 50) – (– 40) =	**+ 90**	T
(– 50) + 40 =		
(+ 40) + (– 55) =		
(– 40) + (– 55) =		
(– 56) + (– 44) =		
(+ 56) + (– 44) =		
(– 18) + (+ 27) =		
(– 18) – (+ 27) =		
(+ 14) + (– 34) =		

Aufgabe	Ergebnis	Buch-staben
(– 8) • (+ 6) =		
(– 2) • (+ 31) =		
(– 2) • (– 31) =		
(+ 2) • (– 4) =		
(– 8) • (– 3) =		
(+ 70) : (– 10) =		
(– 70) : (– 10) =		
(+ 60) : (+ 4) =		
(– 60) : (– 5) =		

Schlüssel:

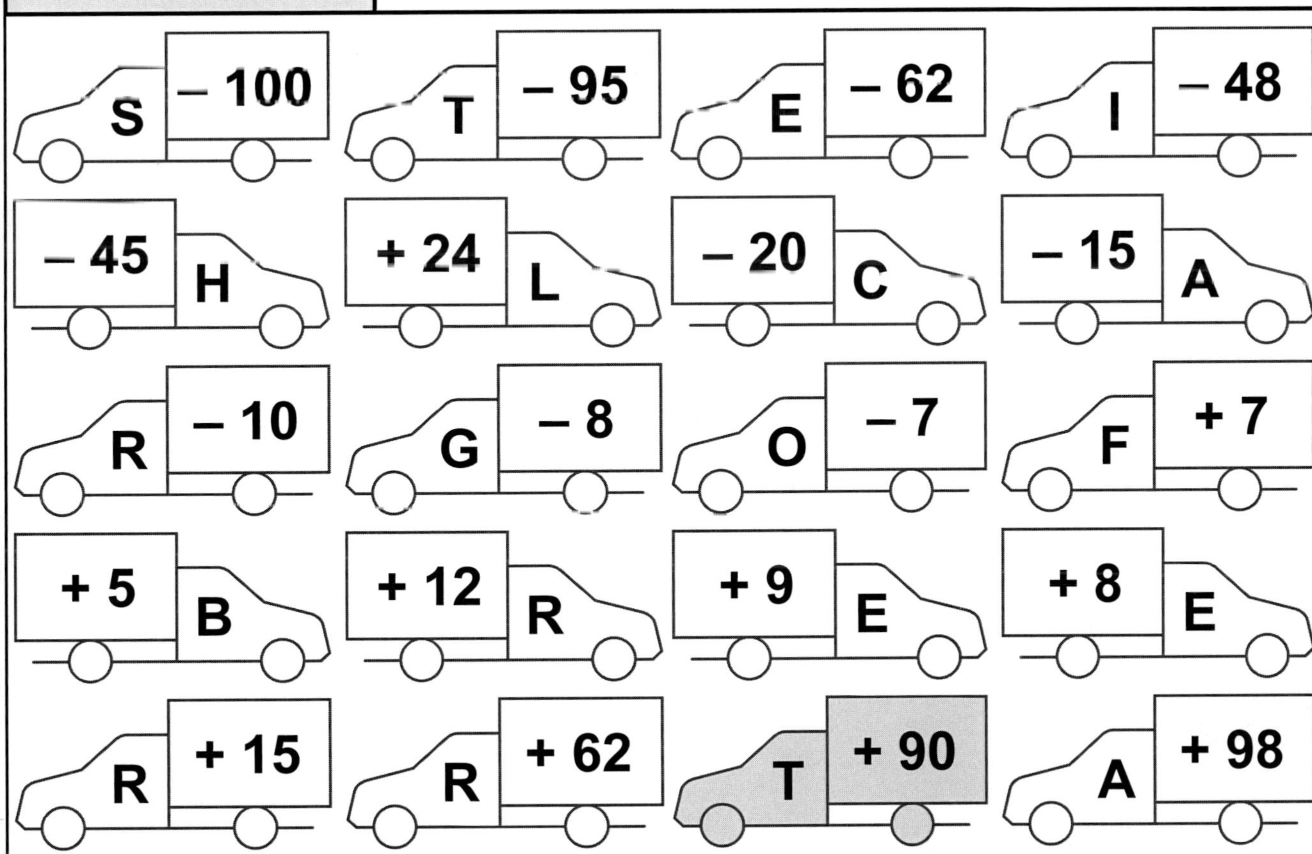

Lösungssatz: _ T !

GEHEIMSCHRIFT

MATHE-TRAINING ... zur Wiederholung & Festigung / Klasse 8 – Bestell-Nr. 12 996
KOHL VERLAG

– LÖSUNG –

Aufgabe	Ergebnis	Buchstaben
(+ 50) – (– 40) =	+ 90	T
(– 50) + 40 =	– 10	R
(+ 40) + (– 55) =	– 15	A
(– 40) + (– 55) =	– 95	T
(– 56) + (– 44) =	– 100	S
(+ 56) + (– 44) =	+ 12	R
(– 18) + (+ 27) =	+ 9	E
(– 18) – (+ 27) =	– 45	H
(+ 14) + (– 34) =	– 20	C

Aufgabe	Ergebnis	Buchstaben
(– 8) • (+ 6) =	– 48	I
(– 2) • (+ 31) =	– 62	E
(– 2) • (– 31) =	+ 62	R
(+ 2) • (– 4) =	– 8	G
(– 8) • (– 3) =	+ 24	L
(+ 70) : (– 10) =	– 7	O
(– 70) : (– 10) =	+ 7	F
(+ 60) : (+ 4) =	+ 15	R
(– 40) : (– 5) =	+ 8	E

Lösungssatz:
Erfolgreicher Start!

GEHEIMSCHRIFT

Rechnen mit positiven und negativen Zahlen

2*

Rechne aus und ordne aus dem Schlüssel die richtigen Wörter/Silben zu.
Trage sie im Lösungssatz von hinten nach vorn ein.

Aufgabe	Ergebnis	Wort / Silbe
(– 45) • (– 5) =	225	DET
(– 45) • (+ 5) =		
(– 315) – (– 125) =		
(– 315) + (– 125) =		
(+ 315) + (– 125) =		
(– 540) : (+ 5) =		
(– 540) : (– 5) =		
(– 201) – (+ 110) =		
(+ 201) + (– 110) =		

Aufgabe	Ergebnis	Wort / Silbe
(+ 110) – (+ 205) =		
(– 5) • (– 63) =		
(– 5) • (+ 63) =		
(– 144) : (+ 12) =		
(– 144) : (– 12) =		
(– 143) : (– 143) =		
(+ 143) : (– 143) =		
(– 190) + (– 291) =		
(+ 190) – (+ 291) =		

Schlüssel:

Zahl	Wort / Silbe
– 481	FRA
– 440	ES
– 315	WENN
– 311	FREIEN
– 225	SCHWIN
– 190	VER
– 155	UN
– 108	GEN
– 101	PHYSIK
– 95	GOLD
– 12	SIERT
– 1	GE
1	WAS
12	PAS
91	IM
101	BE
108	LIE
190	LÄSST
225	DET
315	MAN

Lösungssatz: ________ - ____–______: ______ ________–________,
________ ________ ________ ____ ____________ ________–________
________? ______ ________–__________–DET.

GEHEIMSCHRIFT

MATHE-TRAINING ... zur Wiederholung & Festigung / Klasse 8 – Bestell-Nr. 12 996
KOHL VERLAG

– LÖSUNG –

Aufgabe	Ergebnis	Wort / Silbe
(– 45) • (– 5) =	225	DET
(– 45) • (+ 5) =	– 225	SCHWIN
(– 315) – (– 125) =	– 190	VER
(– 315) + (– 125) =	– 440	ES
(+ 315) + (– 125) =	190	LÄSST
(– 540) : (+ 5) =	– 108	GEN
(– 540) : (– 5) =	108	LIE
(– 201) – (+ 110) =	– 311	FREIEN
(+ 201) + (– 110) =	91	IM

Aufgabe	Ergebnis	Wort / Silbe
(+ 110) – (+ 205) =	– 95	GOLD
(– 5) • (– 63) =	315	MAN
(– 5) • (+ 63) =	– 315	WENN
(– 144) : (+ 12) =	– 12	SIERT
(– 144) : (– 12) =	12	PAS
(– 143) : (– 143) =	1	WAS
(+ 143) : (– 143) =	– 1	GE
(– 190) + (– 291) =	– 481	FRA
(+ 190) – (+ 291) =	– 101	PHYSIK

Lösungssatz:

Physik-Frage:
Was passiert, wenn man Gold im Freien liegen lässt? Es verschwindet.

GEHEIMSCHRIFT

KOHL VERLAG MATHE-TRAINING ... zur Wiederholung & Festigung / Klasse 8 – Bestell-Nr. 12 996

Rechnen mit positiven und negativen Zahlen

3**

Rechne aus und ordne aus dem Schlüssel die richtigen Wörter/Silben zu. Trage sie im Lösungssatz von hinten nach vorn ein.

Aufgabe	Ergebnis	Wort / Silbe
(– 59) + 100 + (– 11) =	**30**	KANNST
(– 59) – 100 + 11 =		
(– 59) + (– 100) + (– 11) =		
(– 175) – (+ 75) – (+ 85) =		
175 – (+ 75) + 85 =		
(– 175) + (– 75) + 85 =		
11 – (+ 99) – 22 =		
(– 11) – 99 – (+ 22) =		
11 + (– 99) + 22 =		

Aufgabe	Ergebnis	Wort / Silbe
3 • (– 91) – 27 =		
(– 3) • (– 91) + 27 =		
(– 15) : 3 – 45 =		
(– 15) : (– 3) – 45 =		
15 : (– 3) + 45 =		
15 : 3 – (– 45) =		
(– 25) • 4 + 100 =		
25 • (– 4) + (– 100) =		
(– 25) • (– 4) + 100 =		

Schlüssel:

Wort / Silbe	Zahl
DEIN	– 335
TUN	– 300
GE	– 200
LAND	– 170
DU	– 165
DER	– 155
TUN	– 148
FRAG	– 132
WAS	– 110
KANN	– 66
FÜR	– 50
LAND	– 40
NICHT	0
KANNST	30
DEIN	40
WAS	50
FÜR	185
FRA	200
TER	250
DICH	300

Lösungssatz: _____ – _____ __________, _______ ________ ________

______ ________ ______ ________, ________, ______ ______

______ ________ ______ ______ KANNST.

GEHEIMSCHRIFT

MATHE-TRAINING ... zur Wiederholung & Festigung / Klasse 8 – Bestell-Nr. 12 996
KOHL VERLAG

Rechnen mit positiven und negativen Zahlen

3**

– LÖSUNG –

Aufgabe	Ergebnis	Wort / Silbe
(– 59) + 100 – 11 =	30	KANNST
(– 59) – 100 + 11 =	– 148	TUN
(– 59) + (– 100) + (– 11) =	– 170	LAND
(– 175) – (+ 75) – (+ 85) =	– 335	DEIN
175 – (+ 75) + 85 =	185	FÜR
(– 175) + (– 75) + 85 =	– 165	DU
11 – (+ 99) – 22 =	– 110	WAS
(– 11) – 99 – (+ 22) =	– 132	FRAG
11 + (– 99) + 22 =	– 66	KANN

Aufgabe	Ergebnis	Wort / Silbe
3 • (– 91) – 27 =	– 300	TUN
(– 3) • (– 91) + 27 =	300	DICH
(– 15) : 3 – 45 =	– 50	FÜR
(– 15) : (– 3) – 45 =	– 40	LAND
15 : (– 3) + 45 =	40	DEIN
15 : 3 – (– 45) =	50	WAS
(– 25) • 4 + 100 =	0	NICHT
25 • (– 4) + (– 100) =	– 200	GE
(– 25) • (– 4) + 100 =	200	FRA

Lösungssatz:

Frage nicht, was dein Land für dich tun kann, frag, was du für dein Land tun kannst.

GEHEIMSCHRIFT

KOHL VERLAG MATHE-TRAINING ... zur Wiederholung & Festigung / Klasse 8 – Bestell-Nr. 12 996

Rechnen mit Dezimalzahlen

4

Rechne aus und male alle Felder mit den Ergebnissen mit einer Farbe an.

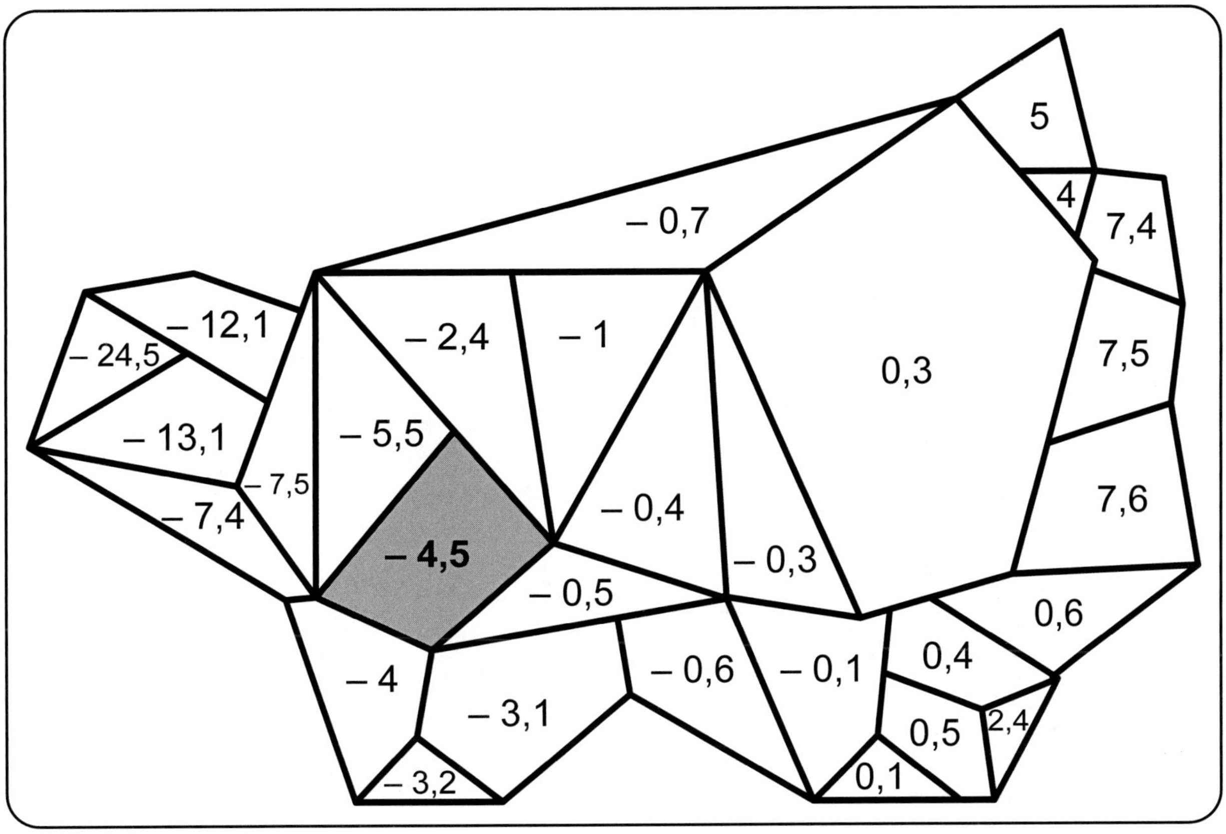

Aufgabe	Ergebnis
0,5 – 5 =	**– 4,5**
(– 0,5) + (– 0,5) =	
0,5 + (– 6) =	
(– 0,5) – (– 0,6) =	
4,9 + (– 17) =	
(– 4,9) – (– 1,7) =	
(– 3,2) + (– 0,8) =	
3,2 – (– 0,8) =	
0,5 + (– 0,6) =	

Aufgabe	Ergebnis
5 • (– 1,5) =	
(– 1,5) : 5 =	
(– 5) • (– 1,5) =	
(– 1,5) : (– 5) =	
0,3 • 8 =	
0,3 • (– 8) =	
3,2 : (– 8) =	
3,2 : 8 =	
3,5 • (– 7) =	

AUSMALEN

MATHE-TRAINING ... zur Wiederholung & Festigung / Klasse 8 – Bestell-Nr. 12 996
KOHL VERLAG

– LÖSUNG –

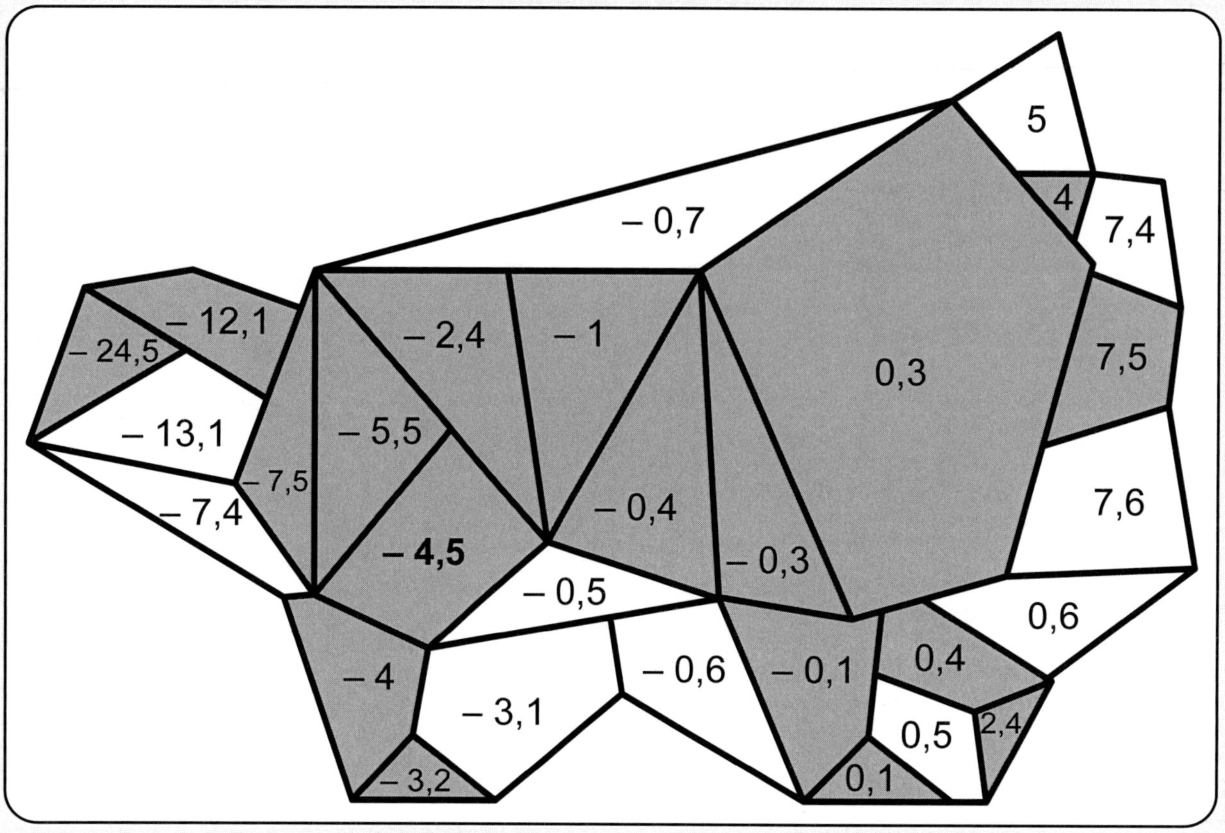

Aufgabe	Ergebnis
0,5 – 5 =	**– 4,5**
(– 0,5) + (– 0,5) =	– 1
0,5 + (– 6) =	– 5,5
(– 0,5) – (– 0,6) =	0,1
4,9 + (– 17) =	– 12,1
(– 4,9) – (– 1,7) =	– 3,2
(– 3,2) + (– 0,8) =	– 4
3,2 – (– 0,8) =	4
0,5 + (– 0,6) =	– 0,1

Aufgabe	Ergebnis
5 • (– 1,5) =	– 7,5
(– 1,5) : 5 =	– 0,3
(– 5) • (– 1,5) =	7,5
(– 1,5) : (– 5) =	0,3
0,3 • 8 =	2,4
0,3 • (– 8) =	– 2,4
3,2 : (– 8) =	– 0,4
3,2 : 8 =	0,4
3,5 • (– 7) =	– 24,5

MATHE-TRAINING ... zur Wiederholung & Festigung / Klasse 8 – Bestell-Nr. 12 996
KOHL VERLAG

Rechnen mit Dezimalzahlen

Rechne aus und male alle Felder mit den Ergebnissen mit einer Farbe an.

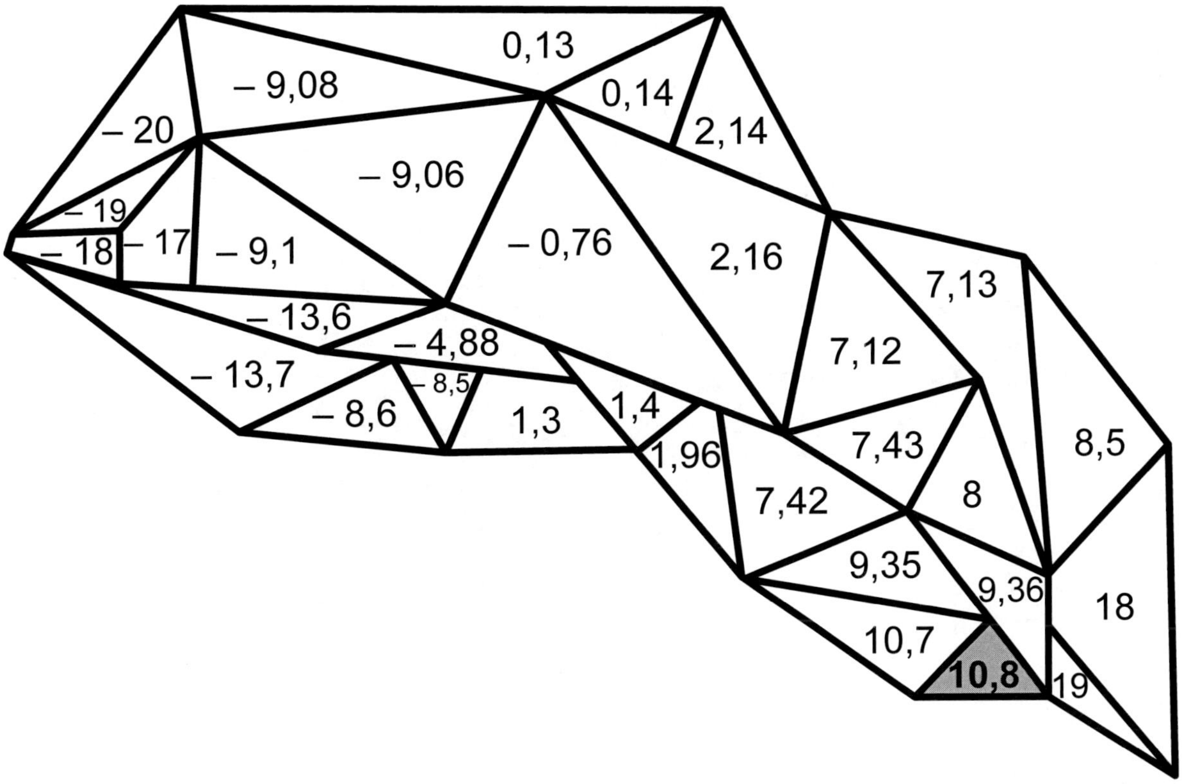

Aufgabe	Ergebnis
5,95 + 4,85 =	**10,8**
(– 1,6) • (– 5) =	
6,83 – (– 0,6) =	
8,02 + (– 0,9) =	
2,9 – 0,94 =	
8,5 **:** (– 0,5) =	
(– 7,2) **:** 0,4 =	
1,9 – (– 0,26) =	
(– 5,6) + 0,72 =	

Aufgabe	Ergebnis
1,9 • (– 0,4) =	
8,7 – (– 0,66) =	
(– 7,8) + (– 0,7) =	
(– 9,86) + 0,8 =	
(– 1,3) • 7 =	
17 • (– 0,8) =	
(– 0,84) **:** (– 6) =	
0,84 **:** 0,6 =	
(– 5,7) **:** (– 0,3) =	

AUSMALEN

MATHE-TRAINING ... zur Wiederholung & Festigung / Klasse 8 – Bestell-Nr. 12 996
KOHL VERLAG

– LÖSUNG –

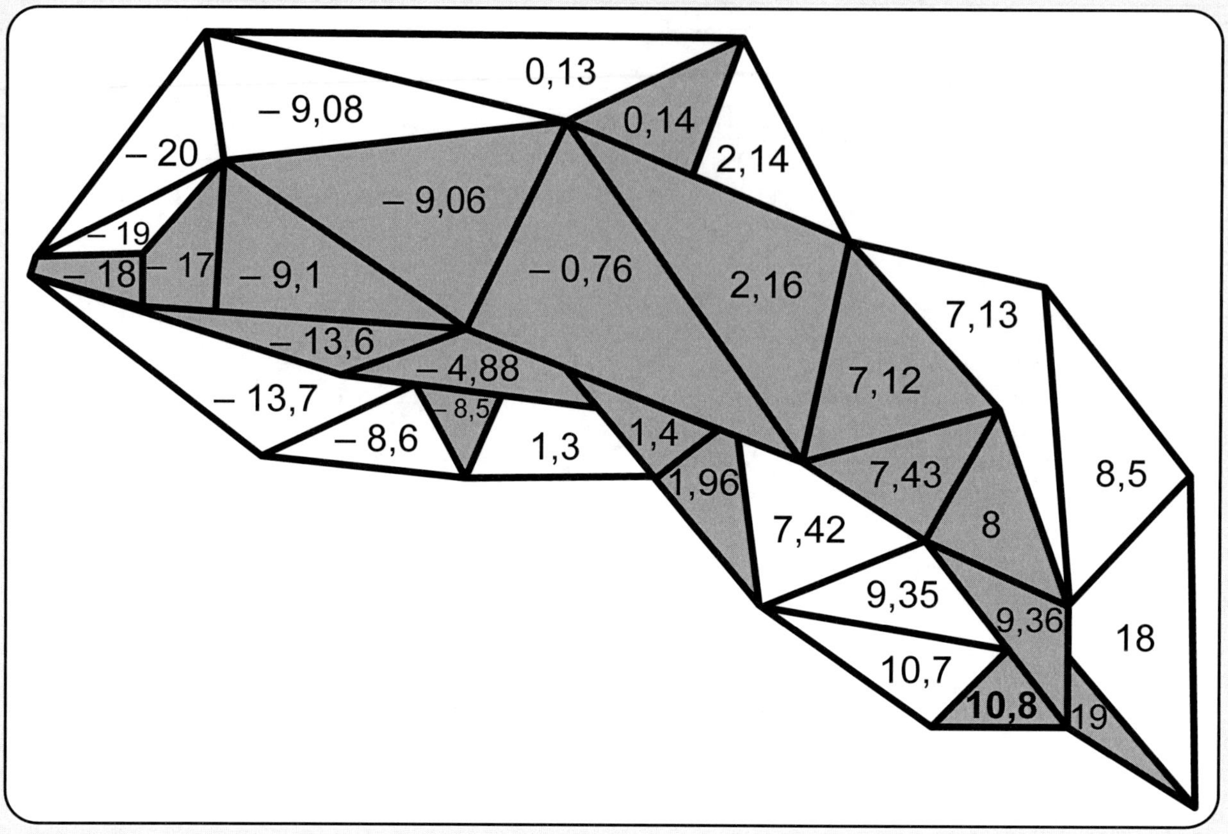

Aufgabe	Ergebnis
5,95 + 4,85 =	**10,8**
(– 1,6) • (– 5) =	8
6,83 – (– 0,6) =	7,43
8,02 + (– 0,9) =	7,12
2,9 – 0,94 =	1,96
8,5 : (– 0,5) =	– 17
(– 7,2) : 0,4 =	– 18
1,9 – (– 0,26) =	2,16
(– 5,6) + 0,72 =	– 4,88

Aufgabe	Ergebnis
1,9 • (– 0,4) =	– 0,76
8,7 – (– 0,66) =	9,36
(– 7,8) + (– 0,7) =	– 8,5
(– 9,86) + 0,8 =	– 9,06
(– 1,3) • 7 =	– 9,1
17 • (– 0,8) =	– 13,6
(– 0,84) : (– 6) =	0,14
0,84 : 0,6 =	1,4
(– 5,7) : (– 0,3) =	19

AUSMALEN

KOHL VERLAG MATHE-TRAINING ... zur Wiederholung & Festigung / Klasse 8 – Bestell-Nr. 12 996

Rechnen mit Dezimalzahlen

Rechne aus und male alle Felder mit den Ergebnissen mit einer Farbe an.

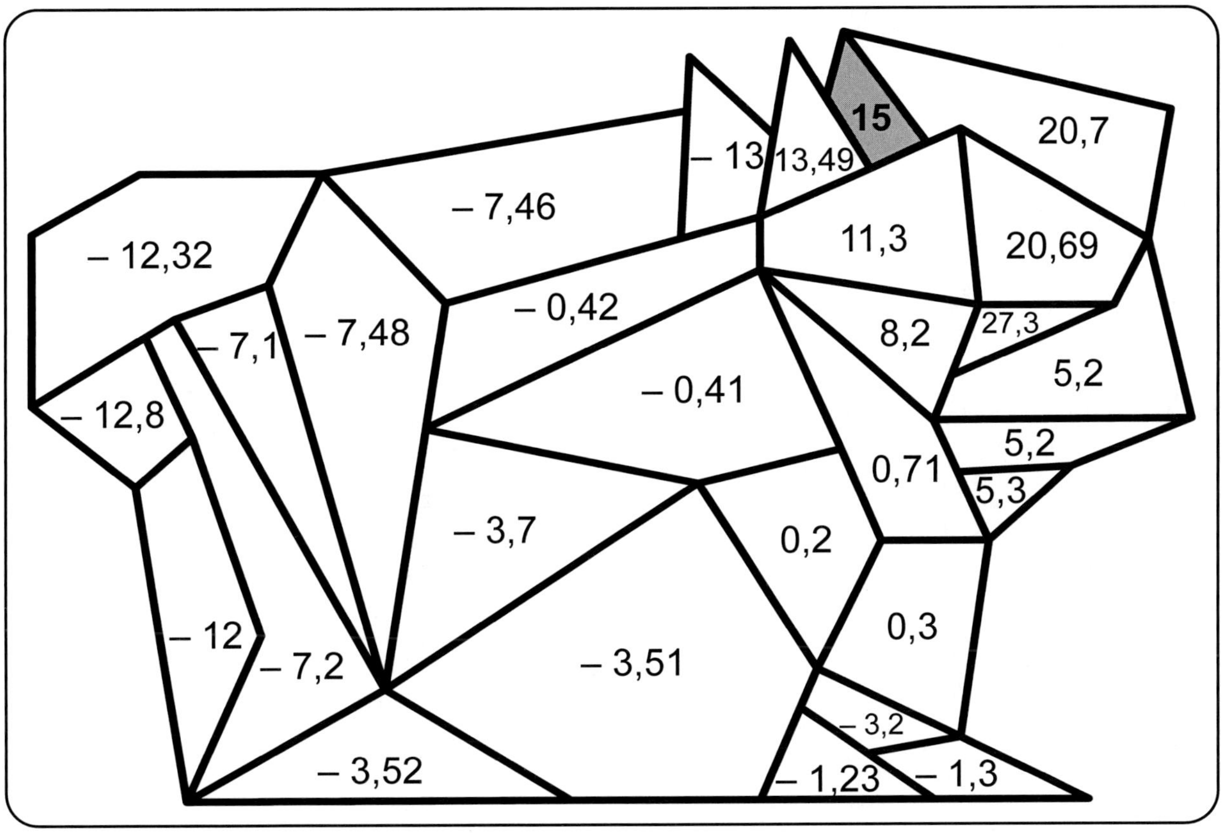

Aufgabe	Ergebnis
(– 4) + 12,5 – (– 6,5) =	**15**
0,8 • (– 9,9) – 4,4 =	
16 – 21,3 + (– 7,5) =	
(– 3,3) • 4,1 – (– 12,3) =	
7,91 : (– 11,3) + 12 =	
(– 2,4) : (– 0,8) + 2,3 =	
87,4 – 83,5 + 4,3 =	
18,36 : 5,4 • (– 2,2) =	
8,2 – 3,9 + (– 4,1) =	

Aufgabe	Ergebnis
6,8 • (– 0,5) – 3,7 =	
(– 2,6) • (– 2,7) : (– 2) =	
(– 0,71) + 7,1 – (– 7,1) =	
0,71 + 7,1 + (– 7,1) =	
(– 7,1) • 7,1 + 71,1 =	
(– 7,1) + (– 7,1) + 41,5 =	
2,6 • 0,5 – 4,5 =	
(– 7,02) : (– 2,7) – 6,3 =	
(– 0,01) – 0,3 – 0,1 =	

AUSMALEN

KOHL VERLAG MATHE-TRAINING ... zur Wiederholung & Festigung / Klasse 8 – Bestell-Nr. 12 996

Rechnen mit Dezimalzahlen

6**

– LÖSUNG –

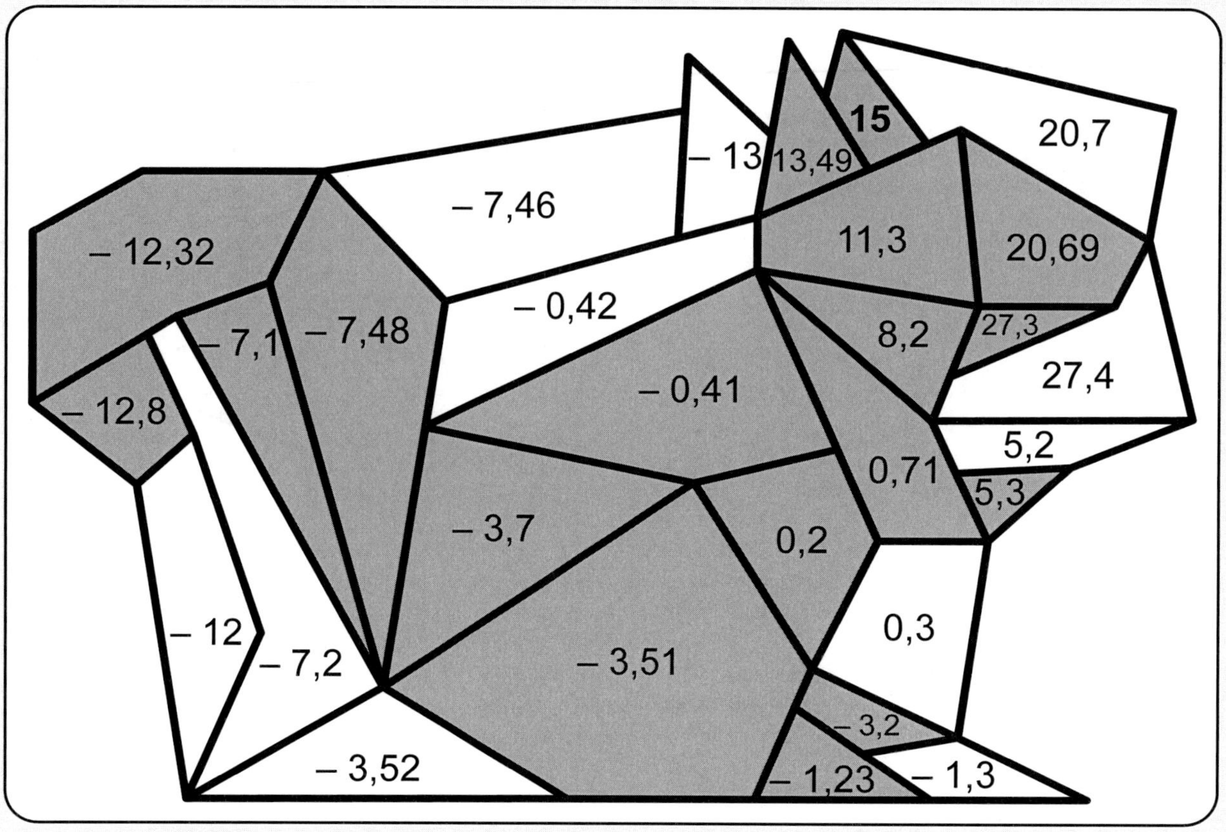

Aufgabe	Ergebnis
(– 4) + 12,5 – (– 6,5) =	**15**
0,8 • (– 9,9) – 4,4 =	– 12,32
16 – 21,3 + (– 7,5) =	– 12,8
(– 3,3) • 4,1 – (– 12,3) =	– 1,23
7,91 : (– 11,3) + 12 =	11,3
(– 2,4) : (– 0,8) + 2,3 =	5,3
87,4 – 83,5 + 4,3 =	8,2
18,36 : 5,4 • (– 2,2) =	– 7,48
8,2 – 3,9 + (– 4,1) =	0,2

Aufgabe	Ergebnis
6,8 • (– 0,5) – 3,7 =	– 7,1
(– 2,6) • (– 2,7) : (– 2) =	– 3,51
(– 0,71) + 7,1 – (– 7,1) =	13,49
0,71 + 7,1 + (– 7,1) =	0,71
(– 7,1) • 7,1 + 71,1 =	20,69
(– 7,1) + (– 7,1) + 41,5 =	27,3
2,6 • 0,5 – 4,5 =	– 3,2
(– 7,02) : (– 2,7) – 6,3 =	– 3,7
(– 0,01) – 0,3 – 0,1 =	– 0,41

AUSMALEN

KOHL VERLAG
MATHE-TRAINING
... zur Wiederholung & Festigung / Klasse 8 – Bestell-Nr. 12 996

Rechnen mit Potenzen

Rechne aus und verbinde die Punkte bei den Ergebnissen in der Reihenfolge der Aufgaben.

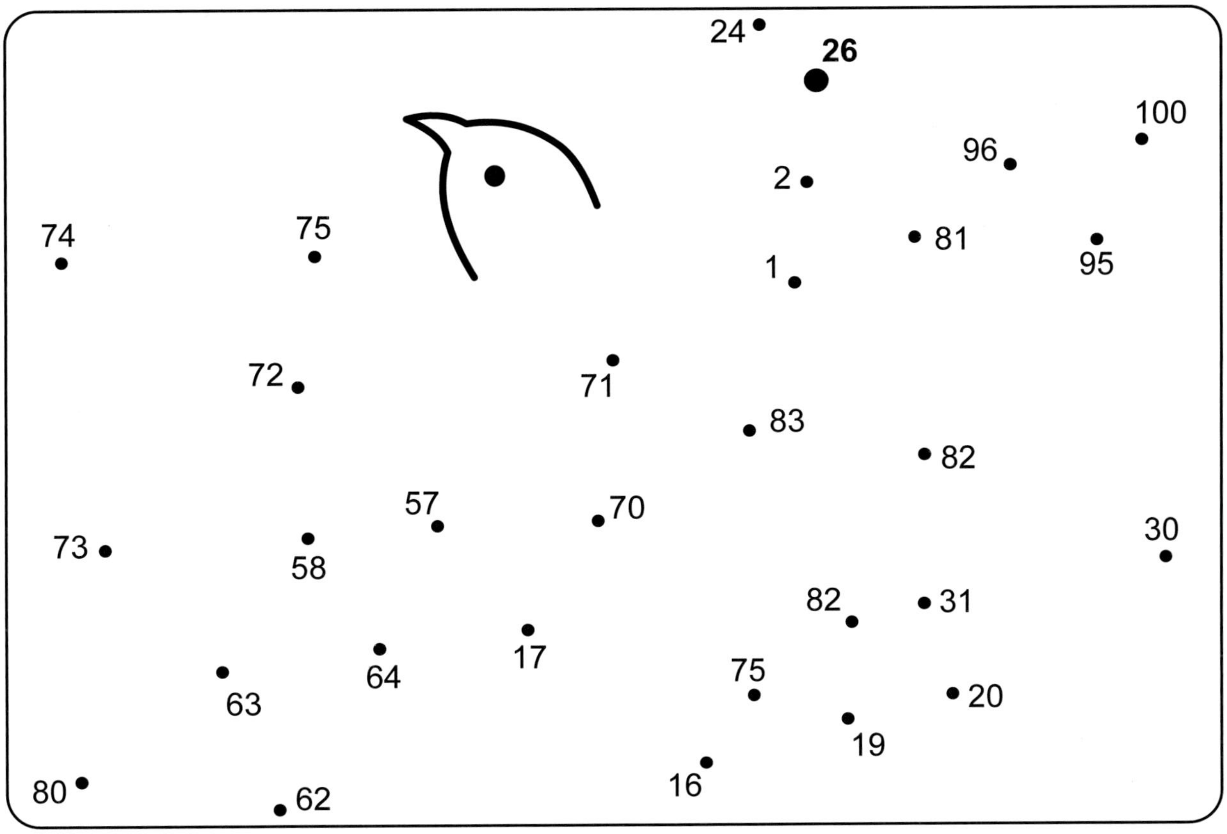

Aufgabe	Ergebnis
$8^2 - 38 =$	**26**
$9^2 + 19 =$	
$112 - 4^2 =$	
$3^2 \cdot 9 =$	
$3^2 : 9 =$	
$58 + 5^2 =$	
$7^2 - 18 =$	
$66 + 4^2 =$	
$6^2 - 17 =$	

Aufgabe	Ergebnis
$1^2 \cdot 75 =$	
$8^2 : 4 =$	
$2^2 + 66 =$	
$9^2 - 24 =$	
$100 - 6^2 =$	
$38 + 5^2 =$	
$4^2 \cdot 5 =$	
$8 \cdot 3^2 =$	
$10^2 - 74 =$	

BILD AUS PUNKTEN

MATHE-TRAINING ... zur Wiederholung & Festigung / Klasse 8 – Bestell-Nr. 12 996
KOHL VERLAG

– LÖSUNG –

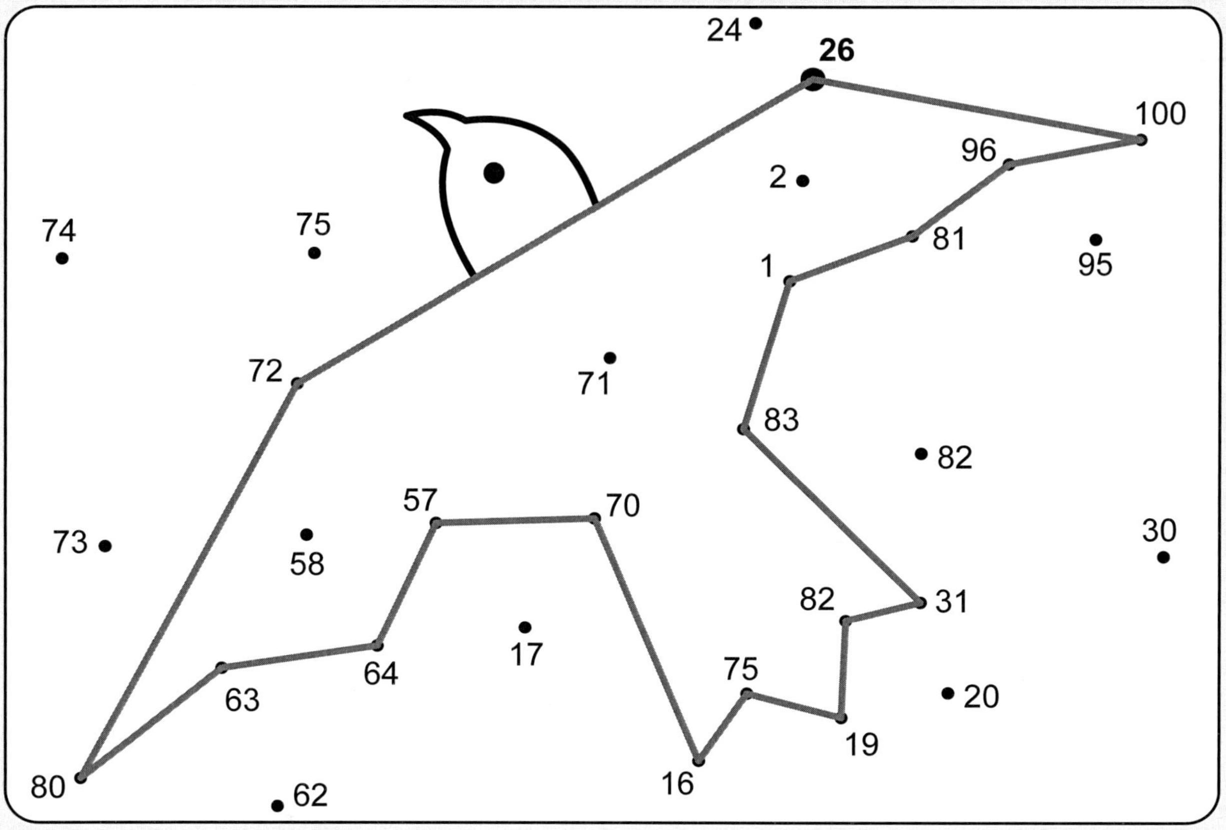

Aufgabe	Ergebnis
$8^2 - 38 =$	26
$9^2 + 19 =$	100
$112 - 4^2 =$	96
$3^2 \cdot 9 =$	81
$3^2 : 9 =$	1
$58 + 5^2 =$	83
$7^2 - 18 =$	31
$66 + 4^2 =$	82
$6^2 - 17 =$	19

Aufgabe	Ergebnis
$1^2 \cdot 75 =$	75
$8^2 : 4 =$	16
$2^2 + 66 =$	70
$9^2 - 24 =$	57
$100 - 6^2 =$	64
$38 + 5^2 =$	63
$4^2 \cdot 5 =$	80
$8 \cdot 3^2 =$	72
$10^2 - 74 =$	26

BILD AUS PUNKTEN

KOHL VERLAG
MATHE-TRAINING ... zur Wiederholung & Festigung / Klasse 8 – Bestell-Nr. 12 996

Rechnen mit Potenzen

Rechne aus und verbinde die Punkte bei den Ergebniszahlen in der Reihenfolge der Aufgaben.

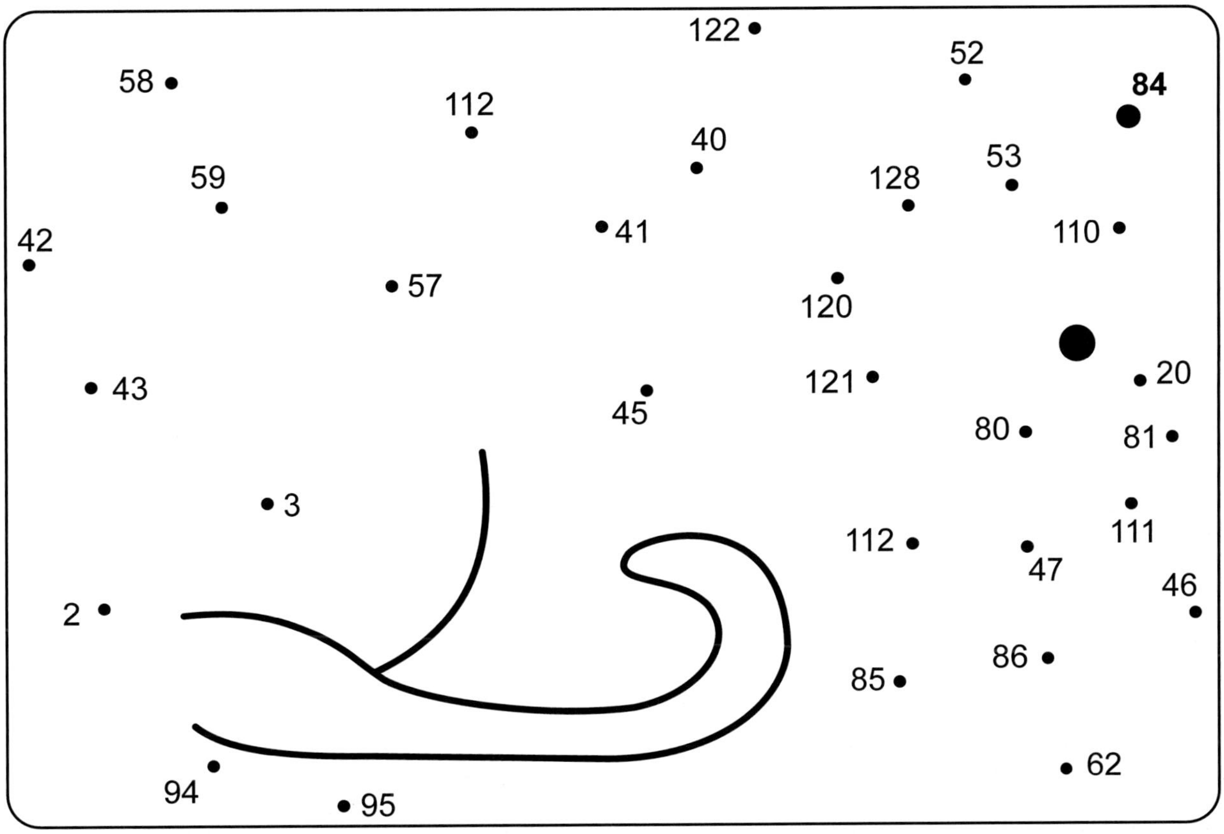

Aufgabe	Ergebnis
$5^3 - 5^2 - 16 =$	**84**
$8^2 : 2^3 + 45 =$	
$2^3 \cdot 2^2 \cdot 4 =$	
$10^3 : 5^3 \cdot 15 =$	
$3^3 + 2^5 - 19 =$	
$4^3 \cdot 2 - 4^2 =$	
$7^2 + 5^2 - 15 =$	
$9^2 : 3 + 2^4 =$	
$1^5 + 10^3 - 999 =$	

Aufgabe	Ergebnis
$85 - 4^2 + 5^2 =$	
$3^3 - 3^4 + 2^3 =$	
$7 \cdot 2^4 - 3^3 =$	
$88 : 2^3 + 6^2 =$	
$6 \cdot 2^4 + 15 =$	
$10^2 - 10^1 - 3^2 =$	
$5^3 : 5^2 \cdot 2^2 =$	
$10^3 : 10^2 + 10^2 =$	
$2^5 - 2^4 + 68 =$	

MATHE-TRAINING ... zur Wiederholung & Festigung / Klasse 8 – Bestell-Nr. 12 996
KOHL VERLAG

Rechnen mit Potenzen

8*

– LÖSUNG –

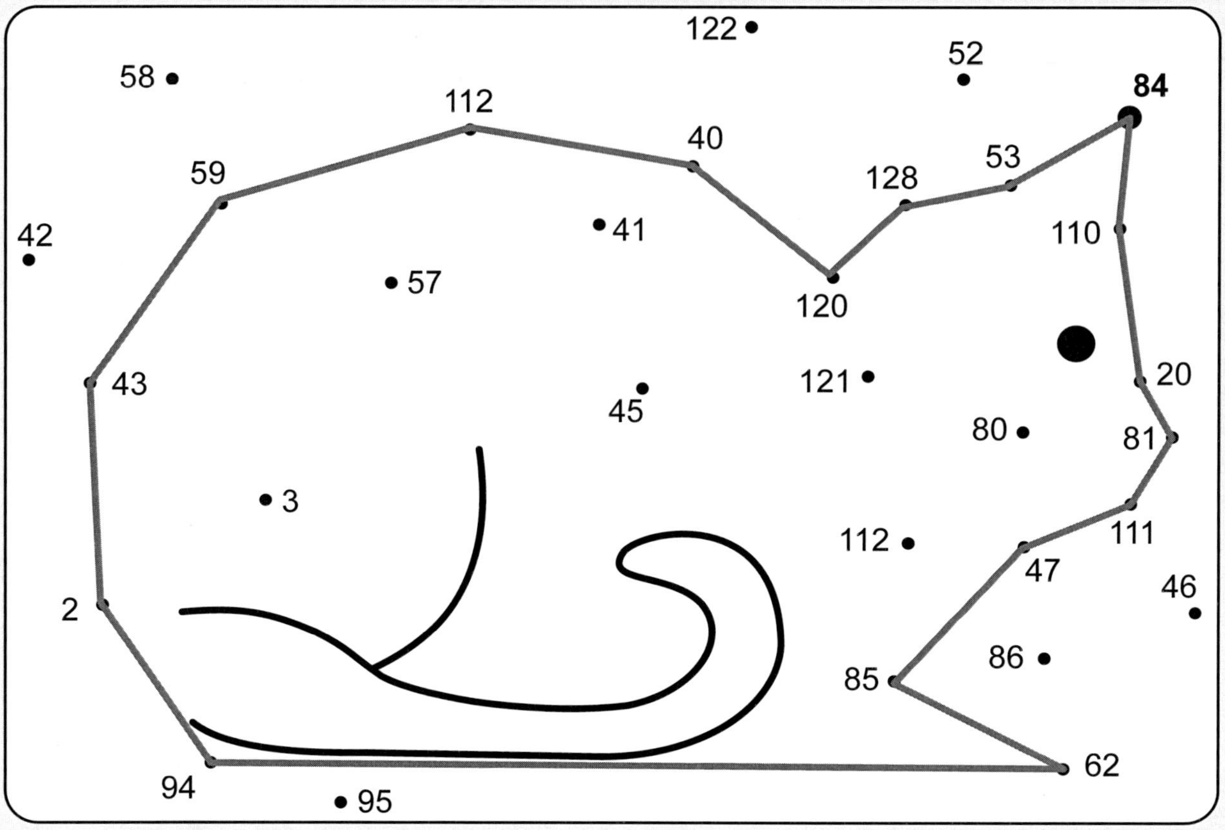

Aufgabe	Ergebnis
$5^3 - 5^2 - 16 =$	84
$8^2 : 2^3 + 45 =$	53
$2^3 \cdot 2^2 \cdot 4 =$	128
$10^3 : 5^3 \cdot 15 =$	120
$3^3 + 2^5 - 19 =$	40
$4^3 \cdot 2 - 4^2 =$	112
$7^2 + 5^2 - 15 =$	59
$9^2 : 3 + 2^4 =$	43
$1^5 + 10^3 - 999 =$	2

Aufgabe	Ergebnis
$85 - 4^2 + 5^2 =$	94
$3^3 - 3^4 + 2^3 =$	62
$7 \cdot 2^4 - 3^3 =$	85
$88 : 2^3 + 6^2 =$	47
$6 \cdot 2^4 + 15 =$	111
$10^2 - 10^1 - 3^2 =$	81
$5^3 : 5^2 \cdot 2^2 =$	20
$10^3 : 10^2 + 10^2 =$	110
$2^5 - 2^4 + 68 =$	84

BILD AUS PUNKTEN

KOHL VERLAG
MATHE-TRAINING ... zur Wiederholung & Festigung / Klasse 8 – Bestell-Nr. 12 996

Rechnen mit Potenzen

Rechne aus und verbinde die Punkte bei den Ergebniszahlen in der Reihenfolge der Aufgaben.

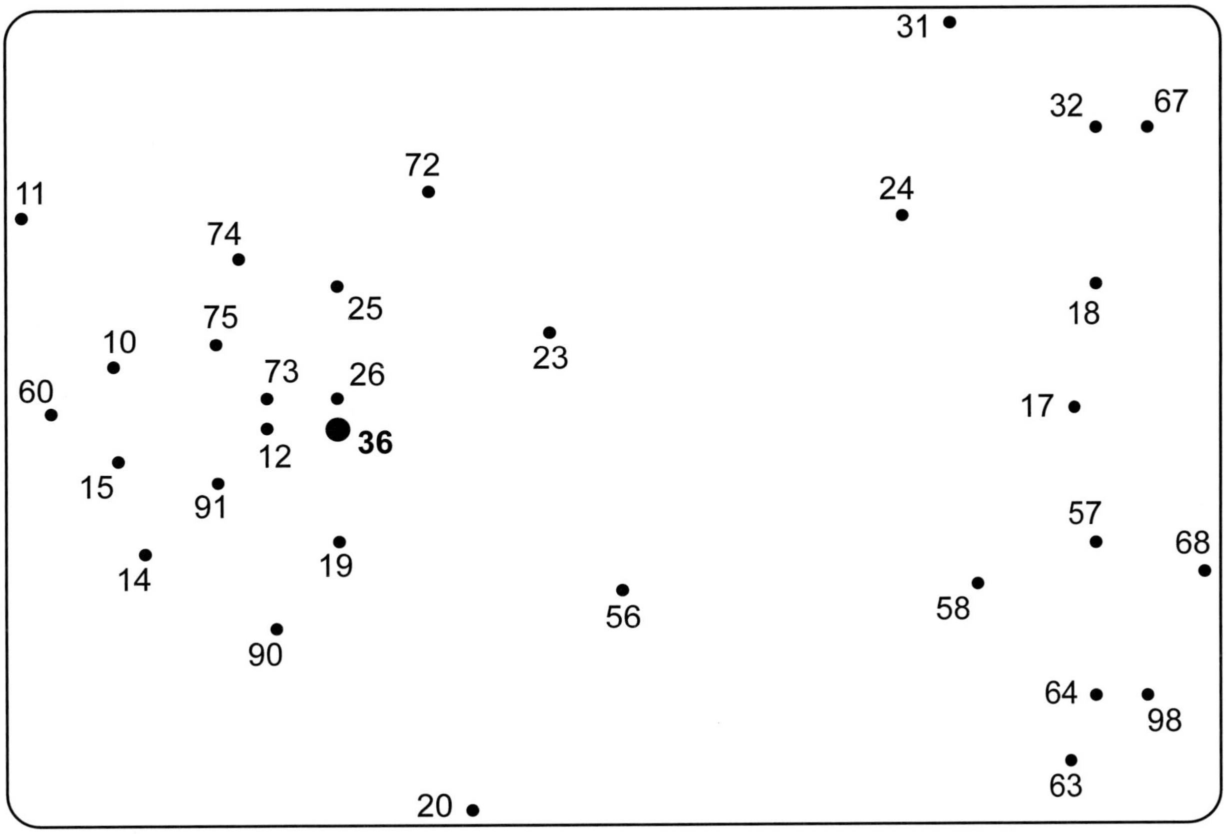

Aufgabe	Ergebnis
$(19 - 5^2)^2 =$	**36**
$(-2)^3 - (-3)^3 =$	
$98 - (5 + 6^2) =$	
$3 \cdot 4^2 + (-2)^4 =$	
$8^2 - 15 + (-7)^2 =$	
$(2^5 - 5^2)^2 + 18 =$	
$(6^2 - 4^2 - 18)^5 =$	
$1^8 \cdot 2^0 : 5^0 + 17 =$	
$(5^3 - 5^2) : 2^2 =$	

Aufgabe	Ergebnis
$5^3 + (-4)^3 - 6^2 + 1 =$	
$(90 - 3^4)^2 - 2^3 =$	
$10^2 : 2^0 - 5^2 =$	
$(8^2 + 4^2) : 2^3 =$	
$1^5 + 2^4 + 3^3 + 4^2 =$	
$55 - (7^2 - 3^2) =$	
$9^2 : 3 + 8^2 =$	
$(7^2 + 6^2 - 5^2) : 5^1 =$	
$(9^2 - 8^2 - 9)^2 - 28 =$	

BILD AUS PUNKTEN

– LÖSUNG –

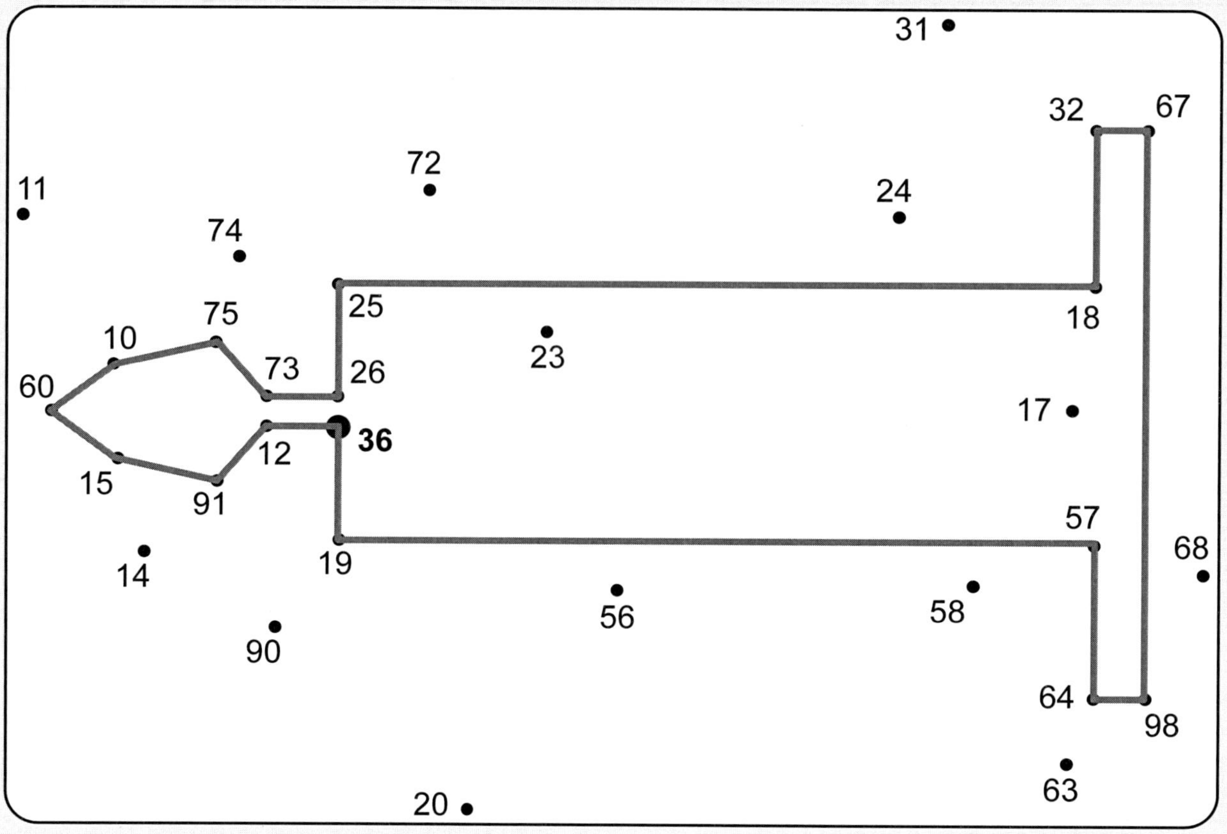

Aufgabe	Ergebnis
$(19 - 5^2)^2 =$	36
$(-2)^3 - (-3)^3 =$	19
$98 - (5 + 6^2) =$	57
$3 \cdot 4^2 + (-2)^4 =$	64
$8^2 - 15 + (-7)^2 =$	98
$(2^5 - 5^2)^2 + 18 =$	67
$(6^2 - 4^2 - 18)^5 =$	32
$1^8 \cdot 2^0 : 5^0 + 17 =$	18
$(5^3 - 5^2) : 2^2 =$	25

Aufgabe	Ergebnis
$5^3 + (-4)^3 - 6^2 + 1 =$	26
$(90 - 3^4)^2 - 2^3 =$	73
$10^2 : 2^0 - 5^2 =$	75
$(8^2 + 4^2) : 2^3 =$	10
$1^5 + 2^4 + 3^3 + 4^2 =$	60
$55 - (7^2 - 3^2) =$	15
$9^2 : 3 + 8^2 =$	91
$(7^2 + 6^2 - 5^2) : 5^1 =$	12
$(9^2 - 8^2 - 9)^2 - 28 =$	36

BILD AUS PUNKTEN

MATHE-TRAINING ... zur Wiederholung & Festigung / Klasse 8 – Bestell-Nr. 12 996
KOHL VERLAG

Klammern auflösen

10

Löse die Klammern auf, vereinfache und ordne aus dem Schlüssel die richtigen Buchstaben zu. Trage sie im Lösungssatz von hinten nach vorn ein.

Aufgabe	Lösung	Buchstaben
12a + (a – 2a) =	**11a**	E
5a – (– 2a + 3a) =		
(a + 8a) – 7a =		
8 • (4a – 3a) =		
(– 10a + 3a) • (– 7) =		
(5 + 15) • 2a =		
(– 10) • (9a – 6a) =		
7 • (7a – 8a)=		
9a – 3 • (3a – a) =		

Aufgabe	Lösung	Buchstaben
9 • (a + a) – a =		
a + 4 • (a – 4a) =		
(5a + a) – 20a =		
8a + 2 • (a + 2a) =		
20a – (5 • 5a) =		
4 • (5a • 3) =		
(2a • 13) : 2 =		
(8a – 20a) : 4 =		
6 • (60a : 10) =		

Schlüssel:

U	A	B	K		
– 30a	– 14a	– 11a	– 7a		

N	Ü	EI	N	N
– 5a	– 3a	2a	3a	4a

B	E	G	H
8a	11a	13a	14a

E	L	RZ	E	E
17a	36a	40a	49a	60a

Lösungssatz: _ E.

GEHEIMSCHRIFT

KOHL VERLAG MATHE-TRAINING ... zur Wiederholung & Festigung / Klasse 8 – Bestell-Nr. 12 996

– LÖSUNG –

Aufgabe	Lösung	Buchstaben
12a + (a – 2a) =	11a	E
5a – (– 2a + 3a) =	4a	N
(a + 8a) – 7a =	2a	EI
8 • (4a – 3a) =	8a	B
(– 10a + 3a) • (– 7) =	49a	E
(5 + 15) • 2a =	40a	RZ
(– 10) • (9a – 6a) =	– 30a	U
7 • (7a – 8a)=	– 7a	K
9a – 3 • (3a – a) =	3a	N

Aufgabe	Lösung	Buchstaben
9 • (a + a) – a =	17a	E
a + 4 • (a – 4a) =	– 11a	B
(5a + a) – 20a =	– 14a	A
8a + 2 • (a + 2a) =	14a	H
20a – (5 • 5a) =	– 5a	N
4 • (5a • 3) =	60a	E
(2a • 13) : 2 =	13a	G
(8a – 20a) : 4 =	– 3a	Ü
6 • (60a : 10) =	36a	L

Lösungssatz:
Lügen haben kurze Beine.

KOHL VERLAG MATHE-TRAINING ... zur Wiederholung & Festigung / Klasse 8 – Bestell-Nr. 12 996

Klammern auflösen

11*

Löse die Klammern auf, vereinfache und ordne aus dem Schlüssel die richtigen Buchstaben zu. Trage sie im Lösungssatz von hinten nach vorn ein.

Aufgabe	Lösung	Buchstaben
$5(3c^2 + 7d) =$	$\mathbf{15c^2 + 35d}$	EG
$b(5b - 3ab) =$		
$a(4a^2 - a + 1) =$		
$cd(c + d) =$		
$2(e^2 - 3e) =$		
$a^2(a + b) =$		
$d(a - d) =$		
$ef(5 + 17f) =$		
$15xy(4z - 3x) =$		

Aufgabe	Lösung	Buchstaben
$bt(7tb - 5) =$		
$3a(5a + 17ab) =$		
$x(1 + y) =$		
$a(a + b) =$		
$cd(c - d) =$		
$a(5 - 8d) =$		
$2b(5b - 3a) =$		
$17w(2 + w^2) =$		
$7x(4 + 4x) =$		

Schlüssel:

CO	$a^2 + ab$
S	$a^3 + a^2b$
N	$c^2d - cd^2$
PO	$c^2d + cd^2$
RI	$da - d^2$
WB	$x + xy$
EUR	$2e^2 - 6e$
NY	$4a^3 - a^2 + a$
EI	$5a - 8ad$
W	$5b^2 - 3ab^2$
F	$5ef + 17ef^2$
Z	$7b^2t^2 - 5bt$
T	$10b^2 - 6ab$
OY	$15a^2 + 51a^2b$
EG	$15c^2 + 35d$
KO	$28x + 28x^2$
MM	$34w + 17w^3$
UM	$60xyz - 45x^2y$

GEHEIMSCHRIFT

Lösungssatz: _ _ _ _ _   _ _ _   _ _ _ _ _ _   _ _ _

_ _ _ _ _ _ _: „_ _ _ _   _ _ E G!"

MATHE-TRAINING ... zur Wiederholung & Festigung / Klasse 8 – Bestell-Nr. 12 996
KOHL VERLAG

Klammern auflösen

– LÖSUNG –

Aufgabe	Lösung	Buchstaben
$5(3c^2 + 7d) =$	$15c^2 + 35d$	**EG**
$b(5b - 3ab) =$	$5b^2 - 3ab^2$	**W**
$a(4a^2 - a + 1) =$	$4a^3 - a^2 + a$	**NY**
$cd(c + d) =$	$c^2d + cd^2$	**PO**
$2(e^2 - 3e) =$	$2e^2 - 6e$	**EUR**
$a^2(a + b) =$	$a^3 + a^2b$	**S**
$d(a - d) =$	$da - d^2$	**RI**
$ef(5 + 17f) =$	$5ef + 17ef^2$	**F**
$15xy(4z - 3x) =$	$60xyz - 45x^2y$	**UM**

Aufgabe	Lösung	Buchstaben
$bt(7tb - 5) =$	$7b^2t^2 - 5bt$	**Z**
$3a(5a + 17ab) =$	$15a^2 + 51a^2b$	**OY**
$x(1 + y) =$	$x + xy$	**WB**
$a(a + b) =$	$a^2 + ab$	**CO**
$cd(c - d) =$	$c^2d - cd^2$	**N**
$a(5 - 8d) =$	$5a - 8ad$	**EI**
$2b(5b - 3a) =$	$10b^2 - 6ab$	**T**
$17w(2 + w^2) =$	$34w + 17w^3$	**MM**
$7x(4 + 4x) =$	$28x + 28x^2$	**KO**

Lösungssatz:

Kommt ein Cowboy zum Friseur: „Pony weg!"

GEHEIMSCHRIFT

Klammern auflösen

12**

Löse die Klammern auf, vereinfache und ordne aus dem Schlüssel die richtigen Buchstaben zu. Trage sie im Lösungssatz von hinten nach vorn ein.

Aufgabe	Lösung	Buchstaben
$(2a + 2b)(a + 8b) =$	$\mathbf{2a^2 + 18ab + 16b^2}$	TCH
$(1 + a)(a + 3b) =$		
$(7 + a)(11 + a) =$		
$(-a - b)(-3a + 3b) =$		
$(a - 7)(a + 1) =$		
$(-a - 1)(a - 1) =$		
$(a - b)(-3a - 5b) =$		
$15(a - b)(a + 2b) =$		
$2(a + b) + 2(a - b) =$		

Aufgabe	Lösung	Buchstaben
$(4a - b)(5a - 7b) =$		
$a(3 + b)(a - 2) =$		
$3(a + 2b)(-a - b) =$		
$(-2a + 2b)(2a - 2b) =$		
$(a + 4b)(4a - b) =$		
$(2a + 2b)(-2a + 2b) =$		
$(2a + b)(3b - a) =$		
$a(4b - 2a)(a + 2b) =$		
$(a + b)(b - a) =$		

Schlüssel:

$-a^2 + 1$	WÜ
$-a^2 + b^2$	W
$3a^2 - 3b^2$	SA
$-4a^2 + 4b^2$	EI
$-3a^2 - 9ab - 6b^2$	NE
$-3a^2 - 2ab + 5b^2$	ER
$-4a^2 + 8ab - 4b^2$	EI
$4a$	IN
$5ab - 2a^2 + 3b^2$	H
$8ab^2 - 2a^3$	IE
$a^2 - 6a - 7$	STE
$a^2 + 18a + 77$	ND
$2a^2 + 18ab + 16b^2$	TCH
$4a^2 + 15ab - 4b^2$	ßT
$15a^2 + 15ab - 30b^2$	D
$20a^2 - 33ab + 7b^2$	XE
$a + 3b + a^2 + 3ab$	WI
$3a^2 - 6a + a^2b + 2ab$	HE

Lösungssatz: ___ ______ _____ _____ __

___ _______? ________T C H!

GEHEIMSCHRIFT

KOHL VERLAG MATHE-TRAINING ... zur Wiederholung & Festigung / Klasse 8 – Bestell-Nr. 12 996

Klammern auflösen

– LÖSUNG –

Aufgabe	Lösung	Buchstaben
$(2a + 2b)(a + 8b) =$	$2a^2 + 18ab + 16b^2$	TCH
$(1 + a)(a + 3b) =$	$a + 3b + a^2 + 3ab$	WI
$(7 + a)(11 + a) =$	$a^2 + 18a + 77$	ND
$(-a - b)(-3a + 3b) =$	$3a^2 - 3b^2$	SA
$(a - 7)(a + 1) =$	$a^2 - 6a - 7$	STE
$(-a - 1)(a - 1) =$	$-a^2 + 1$	WÜ
$(a - b)(-3a - 5b) =$	$-3a^2 - 2ab + 5b^2$	ER
$15(a - b)(a + 2b) =$	$15a^2 + 15ab - 30b^2$	D
$2(a + b) + 2(a - b) =$	$4a$	IN

Aufgabe	Lösung	Buchstaben
$(4a - b)(5a - 7b) =$	$20a^2 - 33ab + 7b^2$	XE
$a(3 + b)(a - 2) =$	$3a^2 - 6a + a^2b - 2ab$	HE
$3(a + 2b)(-a - b) =$	$-3a^2 - 9ab - 6b^2$	NE
$(-2a + 2b)(2a - 2b) =$	$-4a^2 + 8ab - 4b^2$	EI
$(a + 4b)(4a - b) =$	$4a^2 + 15ab - 4b^2$	ßT
$(2a + 2b)(-2a + 2b) =$	$-4a^2 + 4b^2$	EI
$(2a + b)(3b - a) =$	$5ab - 2a^2 + 3b^2$	H
$a(4b - 2a)(a + 2b) =$	$8ab^2 - 2a^3$	IE
$(a + b)(b - a) =$	$-a^2 + b^2$	W

Lösungssatz:

Wie heißt eine Hexe in der Wüste? Sandwitch!

GEHEIMSCHRIFT

KOHL VERLAG MATHE-TRAINING ... zur Wiederholung & Festigung / Klasse 8 – Bestell-Nr. 12 996

Lineare Gleichungen mit Natürlichen Zahlen

Bestimme die x-Werte und male alle Felder mit den x-Werten mit einer Farbe an.

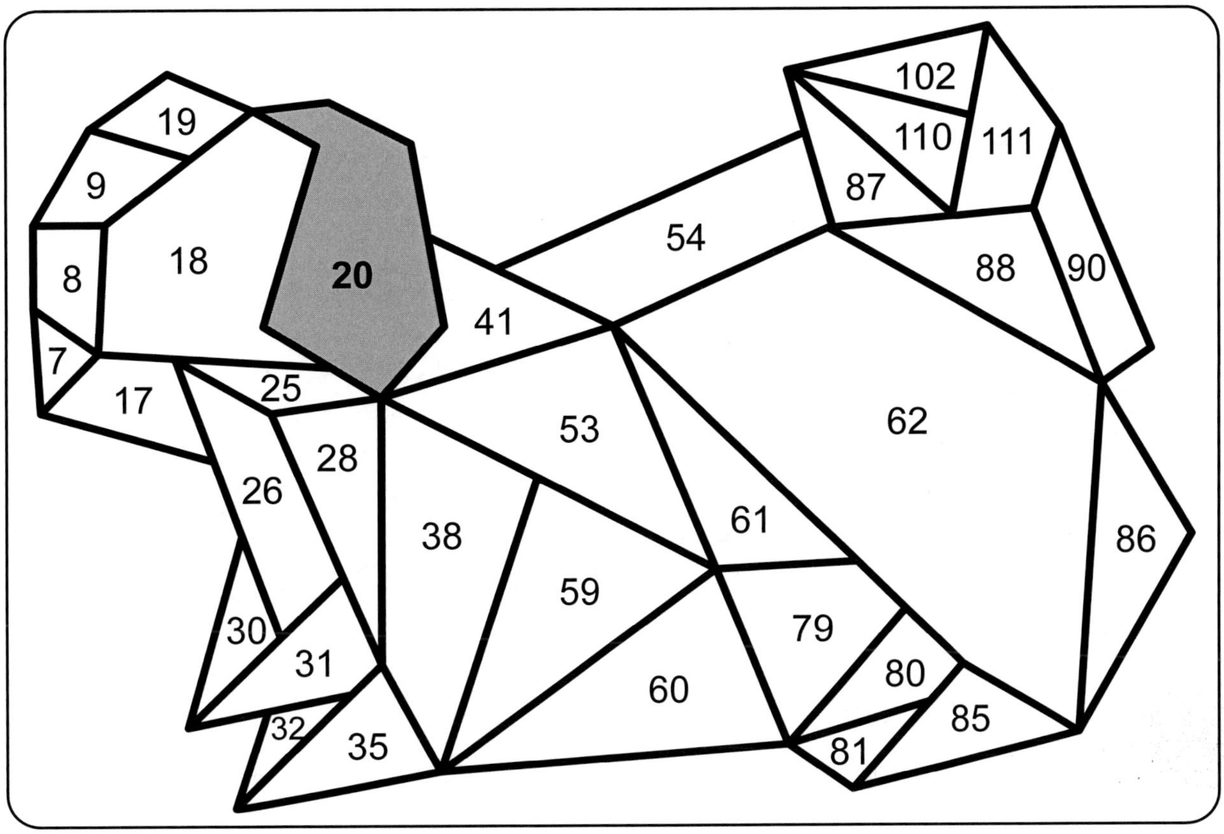

Aufgabe	x =
x + 15 = 35	**20**
91 – x = 83	
x + 37 = 65	
48 + x = 150	
77 – x = 39	
x – 27 = 58	
x + 39 = 100	
55 + x = 90	
200 – x = 89	

Aufgabe	x =
70 = x + 45	
31 = x – 49	
100 = 12 + x	
33 = 51 – x	
12 = x – 19	
27 = 80 – x	
18 = 80 – x	
82 = x + 41	
117 = 58 + x	

AUSMALEN

KOHL VERLAG – MATHE-TRAINING ... zur Wiederholung & Festigung / Klasse 8 – Bestell-Nr. 12 996

– LÖSUNG –

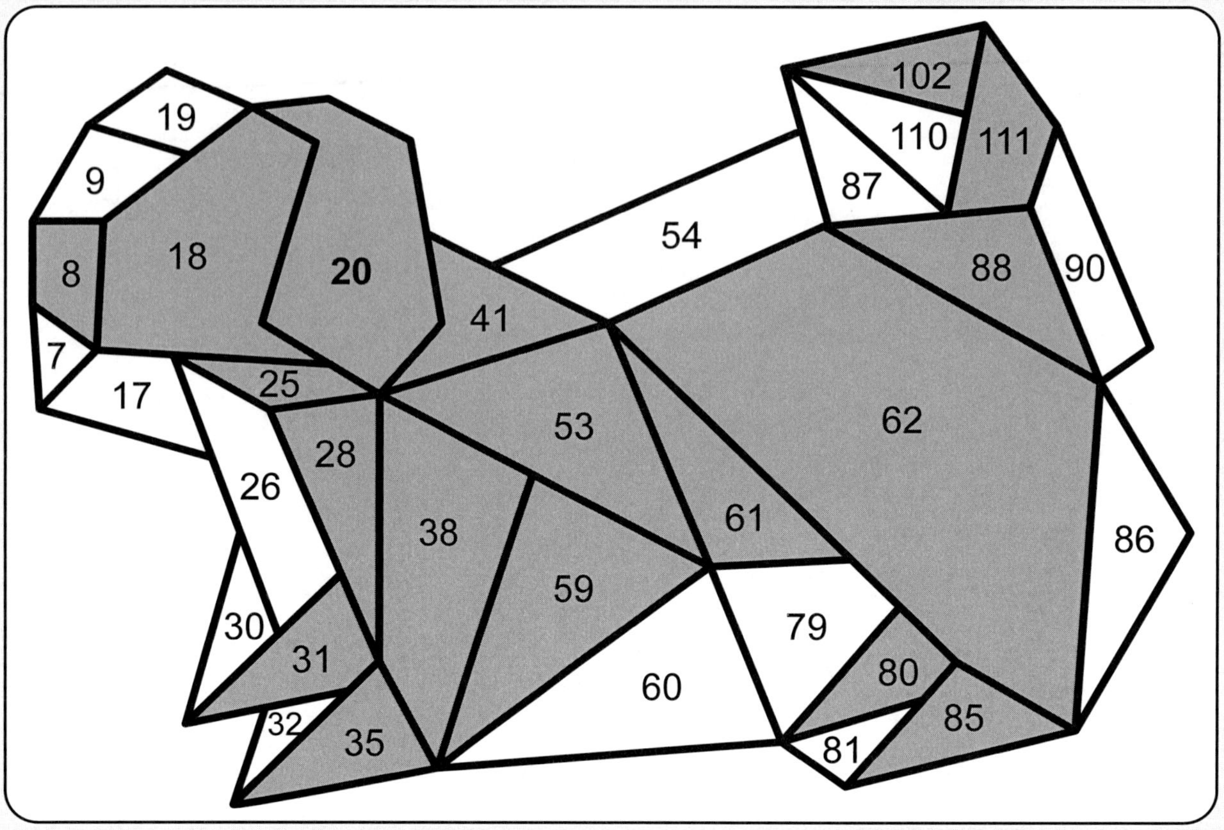

Aufgabe	x =	Aufgabe	x =
x + 15 = 35	**20**	70 = x + 45	25
91 – x = 83	8	31 = x – 49	80
x + 37 = 65	28	100 = 12 + x	88
48 + x = 150	102	33 = 51 – x	18
77 – x = 39	38	12 = x – 19	31
x – 27 = 58	85	27 = 80 – x	53
x + 39 = 100	61	18 = 80 – x	62
55 + x = 90	35	82 = x + 41	41
200 – x = 89	111	117 = 58 + x	59

KOHL VERLAG
MATHE-TRAINING
... zur Wiederholung & Festigung / Klasse 8 – Bestell-Nr. 12 996

Lineare Gleichungen mit Natürlichen Zahlen

14*

Bestimme die x-Werte und male alle Felder mit den x-Werten mit einer Farbe an.

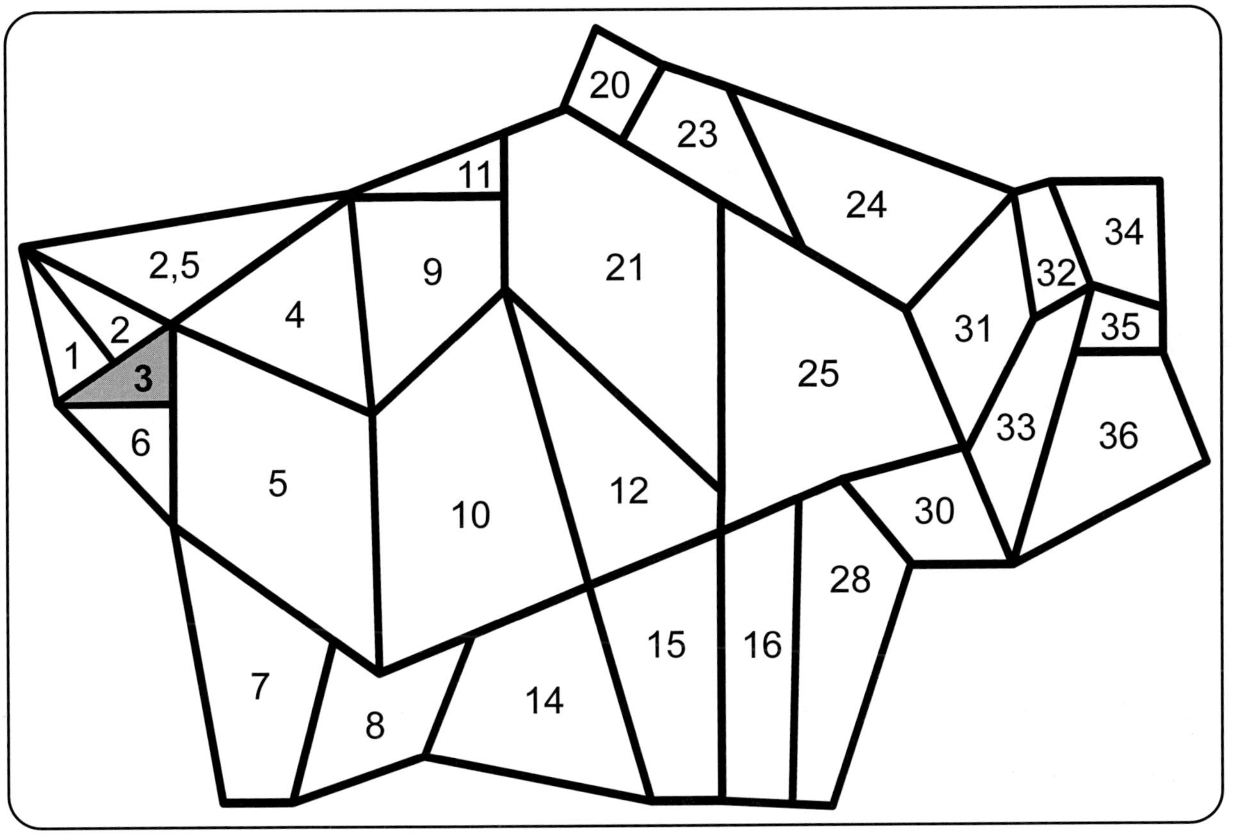

Aufgabe	Platz zum Rechnen	x =
5x + 2 + x = 20	**6x = 18**	**3**
6x – 4x + 3x = 25		
12x + 2 – 4x = 10		
4x – 2x + 11 = 19		
8x – 4 + 18 = 94		
6x – 15 – 8x = – 39		
21x – 32 – 9x = 52		
18 + 5x – 8 = 55		
33x + 50 – 29x = 150		
25x + 80 – 27x = 20		
62x – 65x + 66 = – 33		
55x – 150 – 47x = – 30		
55x – 50x + 65 = 170		
40x – 38x – 100 = – 30		
18x – 21x + 38 = – 31		

AUSMALEN

MATHE-TRAINING ... zur Wiederholung & Festigung / Klasse 8 – Bestell-Nr. 12 996
KOHL VERLAG

Lineare Gleichungen mit Natürlichen Zahlen

14*

– LÖSUNG –

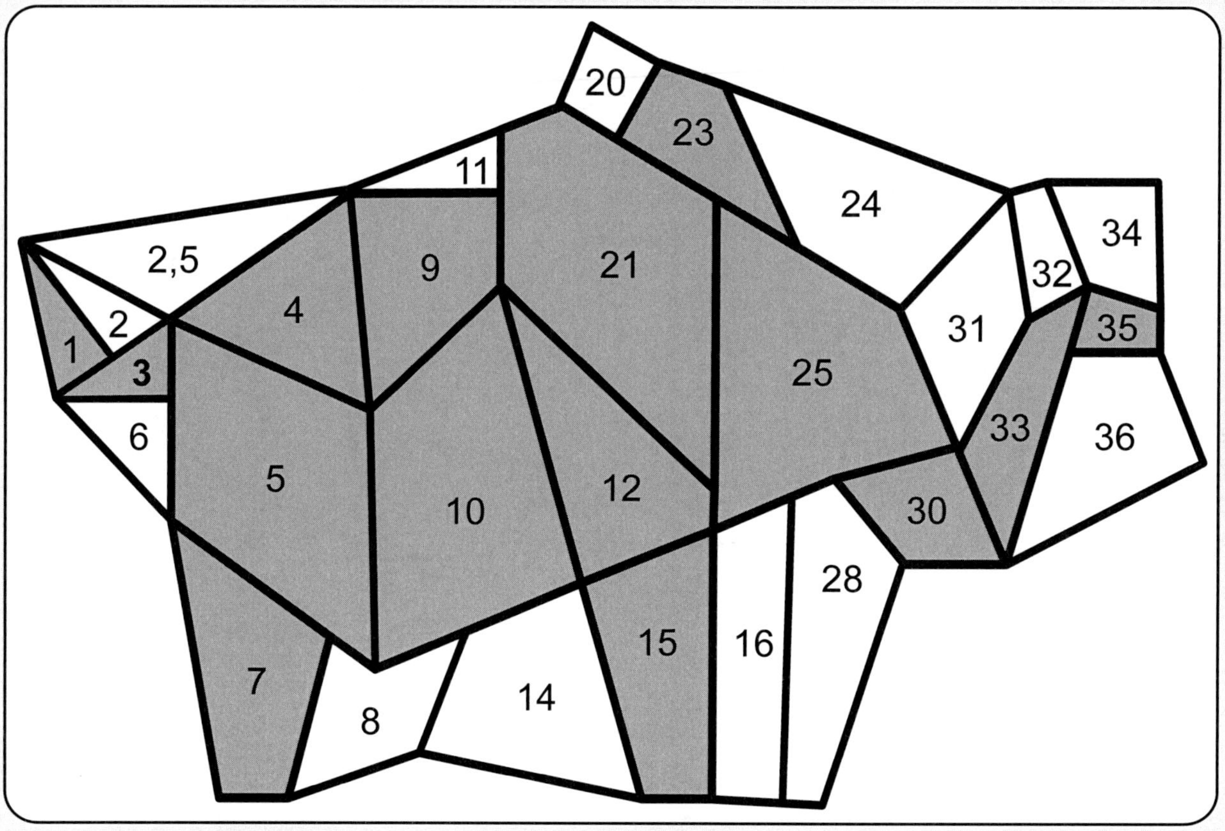

Aufgabe	Platz zum Rechnen	x =
5x + 2 + x = 20	6x = 18	**3**
6x – 4x + 3x = 25	5x = 25	5
12x + 2 – 4x = 10	8x = 8	1
4x – 2x + 11 = 19	2x = 8	4
8x – 4 + 18 = 94	8x = 80	10
6x – 15 – 8x = – 39	– 2x = – 24	12
21x – 32 – 9x = 52	12x = 84	7
18 + 5x – 8 = 55	5x = 45	9
33x + 50 – 29x = 150	4x = 100	25
25x + 80 – 27x = 20	– 2x = – 60	30
62x – 65x + 66 = – 33	– 3x = – 99	33
55x – 150 – 47x = – 30	8x = 120	15
55x – 50x + 65 = 170	5x = 105	21
40x – 38x – 100 = – 30	2x = 70	35
18x – 21x + 38 = – 31	– 3x = – 69	23

AUSMALEN

KOHL VERLAG
MATHE-TRAINING ... zur Wiederholung & Festigung / Klasse 8 – Bestell-Nr. 12 996

Lineare Gleichungen mit Natürlichen Zahlen

15**

Bestimme die x-Werte und male alle Felder mit den x-Werten mit einer Farbe an.

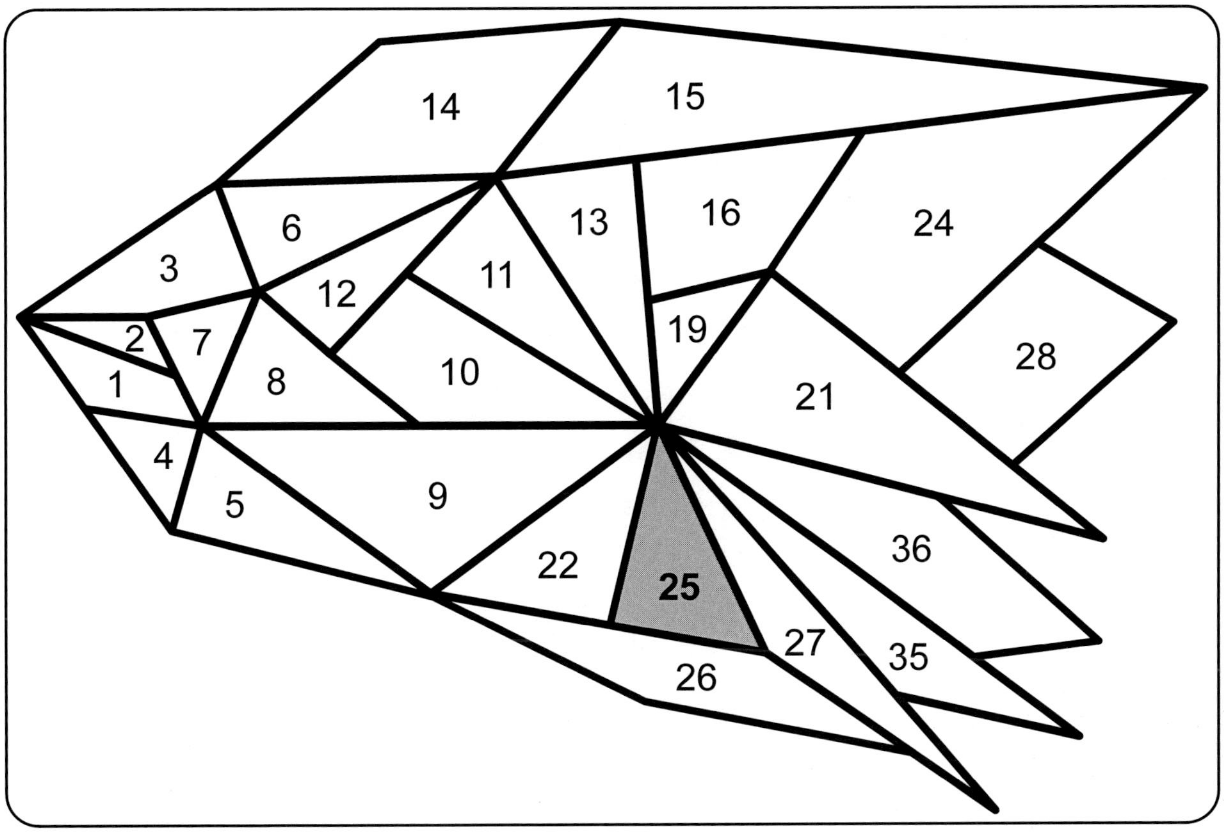

Aufgabe	Platz zum Rechnen	x =
$15x + 250 = 35x - 250$	**$-20x = -500$**	**25**
$37x + 145 = 47x - 45$		
$60x - 75 = 45x + 150$		
$38x - 10 = 19x + 180$		
$28x - 102 = 42x - 200$		
$55x + 121 = 44x + 242$		
$32x + 22 = 150 + 16x$		
$48x + 92 = 200 + 36x$		
$30 + 35x = 42x - 124$		
$18x - 9 = 56 + 13x$		
$56x - 250 = 48x + 30$		
$17x - 45 = 22x - 150$		
$47 + 21x = 128 + 18x$		
$83 - 48x = -56x + 99$		

AUSMALEN

KOHL VERLAG MATHE-TRAINING ... zur Wiederholung & Festigung / Klasse 8 – Bestell-Nr. 12 996

Lineare Gleichungen mit Natürlichen Zahlen

15**

– LÖSUNG –

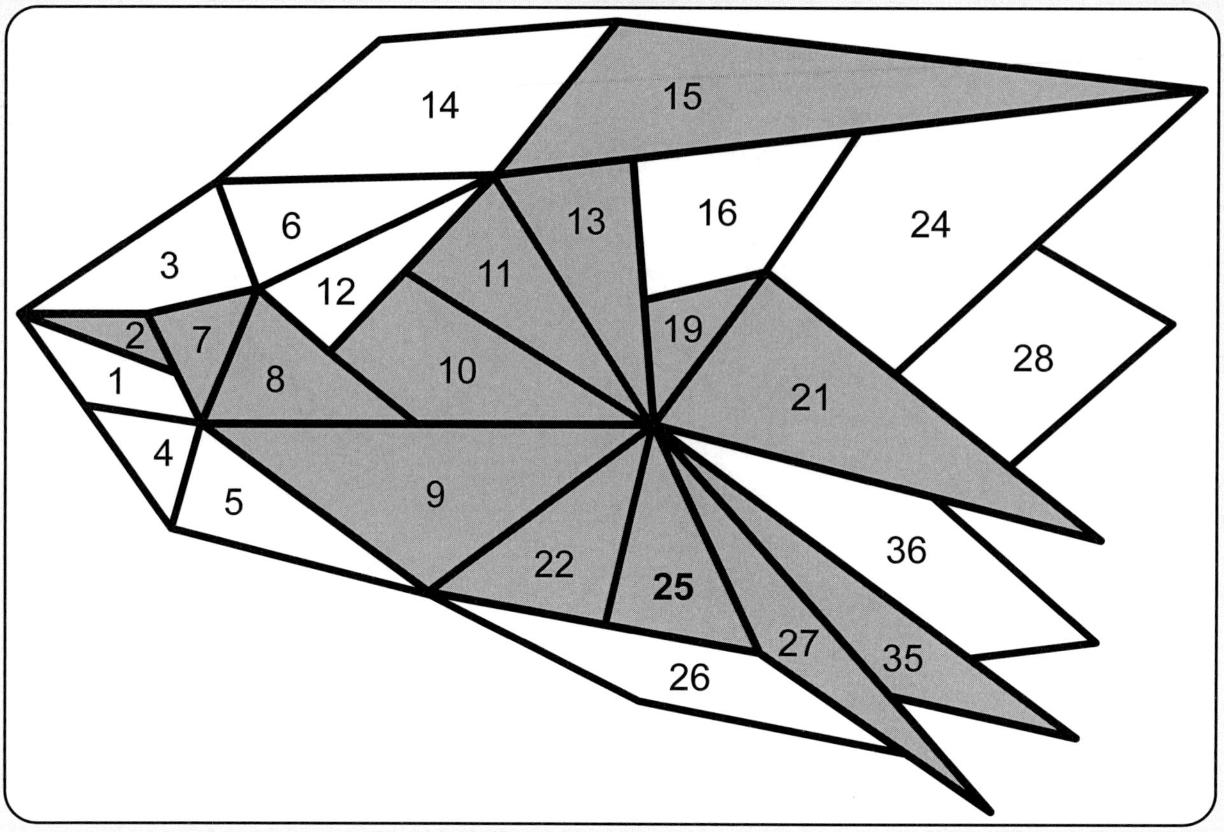

Aufgabe	Platz zum Rechnen	x =
15x + 250 = 35x – 250	– 20x = – 500	**25**
37x + 145 = 47x – 45	– 10x = – 190	19
60x – 75 = 45x + 150	15x = 225	15
38x – 10 = 19x + 180	19x = 190	10
28x – 102 = 42x – 200	– 14x = – 98	7
55x + 121 = 44x + 242	11x = 121	11
32x + 22 = 150 + 16x	16x = 128	8
48x + 92 = 200 + 36x	12x = 108	9
30 + 35x = 42x – 124	– 7x = – 154	22
18x – 9 = 56 + 13x	5x = 65	13
56x – 250 = 48x + 30	8x = 280	35
17x – 45 = 22x – 150	– 5x = – 105	21
47 + 21x = 128 + 18x	3x = 81	27
83 – 48x = – 56x + 99	8x = 16	2

AUSMALEN

MATHE-TRAINING
... zur Wiederholung & Festigung / Klasse 8 – Bestell-Nr. 12 996
KOHL VERLAG

Lineare Gleichungen mit Dezimalzahlen

Löse die Gleichungen nach x auf, folge den Pfeilen mit den richtigen Ergebnissen, markiere den Weg (Bleistift), trage im Lösungssatz die Buchstaben entlang des Wegs ein.

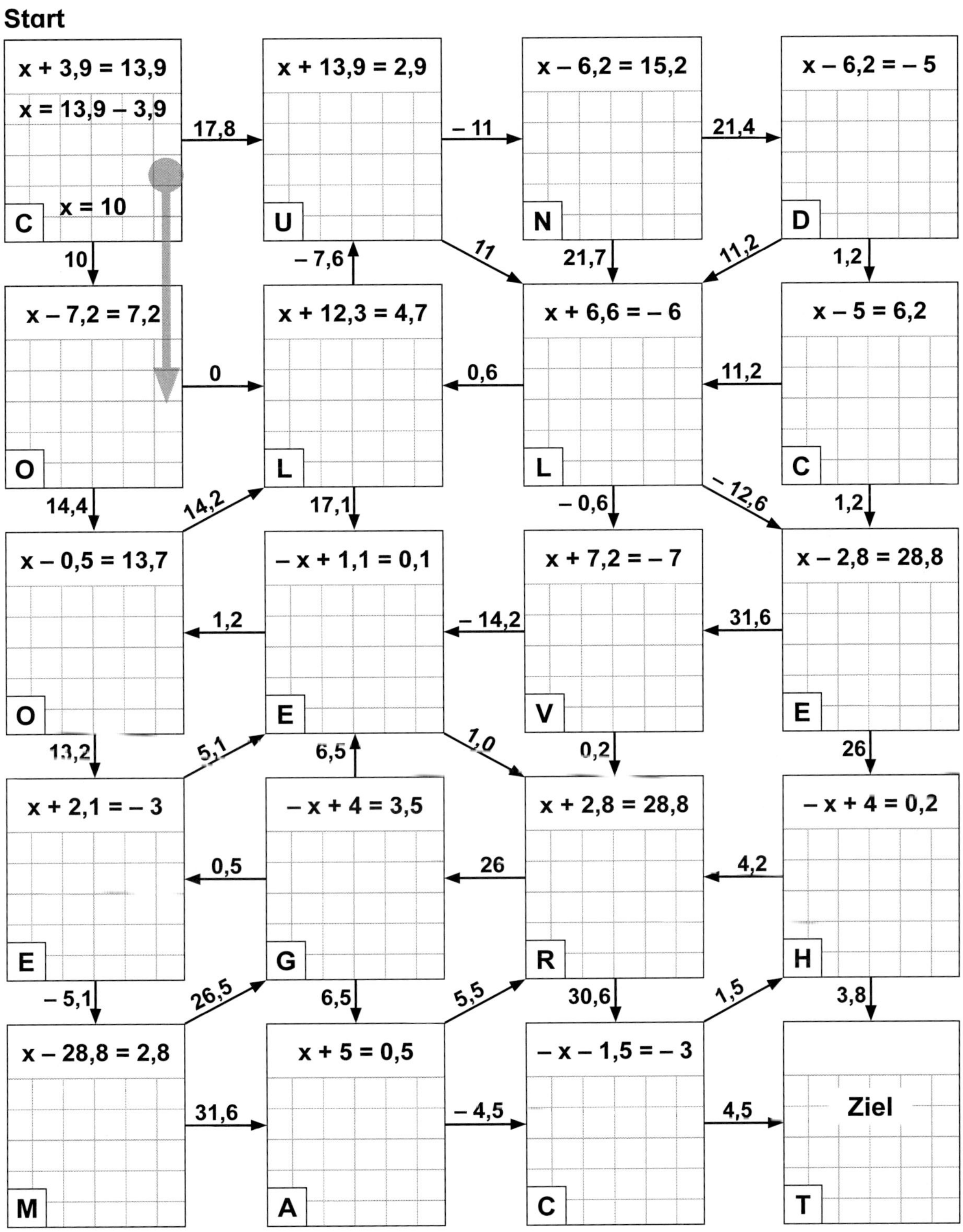

Lösungssatz: C O _!

IRRGARTEN

KOHL VERLAG
MATHE-TRAINING ... zur Wiederholung & Festigung / Klasse 8 – Bestell-Nr. 12 996

– LÖSUNG –

Start

$x + 3{,}9 = 13{,}9$ $x = 13{,}9 - 3{,}9$ $x = 10$ C	$x + 13{,}9 = 2{,}9$ $x = 2{,}9 - 13{,}9$ $x = -11$ U	$x - 6{,}2 = 15{,}2$ $x = 15{,}2 + 6{,}2$ $x = 21{,}4$ N	$x - 6{,}2 = -5$ $x = -5 + 6{,}2$ $x = 1{,}2$ D
$x - 7{,}2 = 7{,}2$ $x = 7{,}2 + 7{,}2$ $x = 14{,}4$ O	$x + 12{,}3 = 4{,}7$ $x = 4{,}7 - 12{,}3$ $x = -7{,}6$ L	$x + 6{,}6 = -6$ $x = -6 - 6{,}6$ $x = -12{,}6$ L	$x - 5 = 6{,}2$ $x = 6{,}2 + 5$ $x = 11{,}2$ C
$x - 0{,}5 = 13{,}7$ $x = 13{,}7 + 0{,}5$ $x = 14{,}2$ O	$-x + 1{,}1 = 0{,}1$ $x = 1{,}1 - 0{,}1$ $x = 1{,}0$ E	$x + 7{,}2 = -7$ $x = -7 - 7{,}2$ $x = -14{,}2$ V	$x - 2{,}8 = 28{,}8$ $x = 28{,}8 + 2{,}8$ $x = 31{,}6$ E
$x + 2{,}1 = -3$ $x = -3 - 2{,}1$ $x = -5{,}1$ E	$-x + 4 = 3{,}5$ $x = 4 - 3{,}5$ $x = 0{,}5$ G	$x + 2{,}8 = 28{,}8$ $x = 28{,}8 - 2{,}8$ $x = 26$ R	$-x + 4 = 0{,}2$ $x = 4 - 0{,}2$ $x = 3{,}8$ H
$x - 28{,}8 = 2{,}8$ $x = 2{,}8 + 28{,}8$ $x = 31{,}6$ M	$x + 5 = 0{,}5$ $x = 0{,}5 - 5$ $x = -4{,}5$ A	$-x - 1{,}5 = -3$ $x = -1{,}5 + 3$ $x = 1{,}5$ C	Ziel T

Lösungssatz:

Cool und clever gemacht!

MATHE-TRAINING ... zur Wiederholung & Festigung / Klasse 8 – Bestell-Nr. 12 996
KOHL VERLAG

Lineare Gleichungen mit Dezimalzahlen

Löse die Gleichungen nach x auf, folge den Pfeilen mit den richtigen Ergebnissen, markiere den Weg (Bleistift), trage im Lösungssatz die Buchstaben entlang des Wegs ein.

Start

	Spalte 1	Spalte 2	Spalte 3	Spalte 4
Reihe 1	$2x + 7{,}5 = 9{,}3$ $2x = 9{,}3 - 7{,}5$ $2x = 1{,}8$ $x = 0{,}9$ **D**	$4x + 2{,}4 = 20{,}4$ **U**	$3x + 16{,}8 = 33{,}6$ **B**	$1x + 3{,}5 = 4{,}0$ **C**
Reihe 2	$7x - 1{,}4 = 5{,}6$ **L**	$4x + 9{,}5 = 20{,}7$ **S**	$2x + 14{,}8 = 30{,}2$ **I**	$10x - 9{,}1 = 0{,}8$ **P**
Reihe 3	$4x - 7{,}1 = 10{,}1$ **N**	$5x + 13{,}9 = 42{,}9$ **T**	$15x - 14{,}3 = 47{,}2$ **E**	$4x - 5{,}2 = 5{,}2$ **E**
Reihe 4	$5x - 12{,}9 = 13{,}1$ **M**	$10x - 14{,}5 = 14{,}5$ **I**	$5x - 20{,}3 = 6{,}7$ **H**	$12x - 2{,}1 = 2{,}7$ **A**
Reihe 5	$3x - 4{,}5 = 3{,}6$ **A**	$8x - 29{,}1 = 30{,}9$ **T**	**Ziel** **S**	$2x - 6{,}1 = 9{,}7$ **S**

Pfeile:

- D → U: 0,9; D → L: 9; D → S: 2
- U → B: 4,5; U → S: 5,4
- B → C: 6,6; B → I: 5,6
- C → I: 1,5; C → P: 0,5
- L → N: 0,4; L → T: 0,6
- S → L: 8,2; S → T: 2,8
- I → S: 7,7; I → E (Reihe 3, Spalte 3): 7,1
- P → I: 1,1; P → E (Reihe 3, Spalte 3): 0,99
- N → T: 3,4; N → M: 4,3
- T → E (Reihe 3, Spalte 3): 5,8; T → I (Reihe 4): 6,8
- E (Reihe 3, Spalte 3) → I (Reihe 4): 4,1; E (Reihe 3, Spalte 3) → H: 1,1
- E (Reihe 3, Spalte 4) → P: 2,2; E (Reihe 3, Spalte 4) → E (Reihe 3, Spalte 3): 4,4; E (Reihe 3, Spalte 4) → A (Reihe 4): 2,6
- I (Reihe 4) → N: 2,9; I (Reihe 4) → H: 1,5
- M → I (Reihe 4): 2,5; M → A (Reihe 5): 5,2
- H → E (Reihe 3, Spalte 4): 5,4; H → Ziel: 4,4
- A (Reihe 4) → H: 0,0; A (Reihe 4) → S (Reihe 5, Spalte 4): 0,4
- A (Reihe 5) → I (Reihe 4): 3,7; A (Reihe 5) → T (Reihe 5): 2,7
- T (Reihe 5) → I (Reihe 4): 5,7; T (Reihe 5) → H: 7,5; T (Reihe 5) → Ziel: 7,1
- S (Reihe 5, Spalte 4) → H: 0,7; S (Reihe 5, Spalte 4) → Ziel: 7,9

Lösungssatz: D U _ _ _ _ _ _ _ _ _ _ _ _ _ _ _ _ - _ _ _ _ !

IRRGARTEN

KOHL VERLAG
MATHE-TRAINING ... zur Wiederholung & Festigung / Klasse 8 – Bestell-Nr. 12 996

Lineare Gleichungen mit Dezimalzahlen

17*

– LÖSUNG –

Start

$2x + 7{,}5 = 9{,}3$ $2x = 9{,}3 - 7{,}5$ $2x = 1{,}8$ **D** $x = 0{,}9$	$4x + 2{,}4 = 20{,}4$ $4x = 20{,}4 - 2{,}4$ $4x = 18$ **U** $x = 4{,}5$	$3x + 16{,}8 = 33{,}6$ $3x = 33{,}6 - 16{,}8$ $3x = 16{,}8$ **B** $x = 5{,}6$	$1x + 3{,}5 = 4{,}0$ $x = 4{,}0 - 3{,}5$ **C** $x = 0{,}5$
$7x - 1{,}4 = 5{,}6$ $7x = 5{,}6 + 1{,}4$ $7x = 7$ **L** $x = 1$	$4x + 9{,}5 = 20{,}7$ $4x = 20{,}7 - 9{,}5$ $4x = 11{,}2$ **S** $x = 2{,}8$	$2x + 14{,}8 = 30{,}2$ $2x = 30{,}2 - 14{,}8$ $2x = 15{,}4$ **I** $x = 7{,}7$	$10x - 9{,}1 = 0{,}8$ $10x = 0{,}8 + 9{,}1$ $10x = 9{,}9$ **P** $x = 0{,}99$
$4x - 7{,}1 = 10{,}1$ $4x = 10{,}1 + 7{,}1$ $4x = 17{,}2$ **N** $x = 4{,}3$	$5x + 13{,}9 = 42{,}9$ $5x = 42{,}9 - 13{,}9$ $5x = 29$ **T** $x = 5{,}8$	$15x - 14{,}3 = 47{,}2$ $15x = 47{,}2 + 14{,}3$ $15x = 61{,}5$ **E** $x = 4{,}1$	$4x - 5{,}2 = 5{,}2$ $4x = 5{,}2 + 5{,}2$ $4x = 10{,}4$ **E** $x = 2{,}6$
$5x - 12{,}9 = 13{,}1$ $5x = 13{,}1 + 12{,}9$ $5x = 26$ **M** $x = 5{,}2$	$10x - 14{,}5 = 14{,}5$ $10x = 14{,}5 + 14{,}5$ $10x = 29$ **I** $x = 2{,}9$	$5x - 20{,}3 = 6{,}7$ $5x = 6{,}7 + 20{,}3$ $5x = 27$ **H** $x = 5{,}4$	$12x - 2{,}1 = 2{,}7$ $12x = 2{,}7 + 2{,}1$ $12x = 4{,}8$ **A** $x = 0{,}4$
$3x - 4{,}5 = 3{,}6$ $3x = 3{,}6 + 4{,}5$ $3x = 8{,}1$ **A** $x = 2{,}7$	$8x - 29{,}1 = 30{,}9$ $8x = 30{,}9 + 29{,}1$ $8x = 60$ **T** $x = 7{,}5$	Ziel **S**	$2x - 6{,}1 = 9{,}7$ $2x = 9{,}7 + 6{,}1$ $2x = 15{,}8$ **S** $x = 7{,}9$

Lösungssatz:

Du bist ein Mathe-Ass!

IRRGARTEN

KOHL VERLAG
MATHE-TRAINING ... zur Wiederholung & Festigung / Klasse 8 – Bestell-Nr. 12 996

Lineare Gleichungen mit Dezimalzahlen

18**

Löse die Gleichungen nach x auf, folge den Pfeilen mit den richtigen Ergebnissen, markiere den Weg (Bleistift), trage im Lösungssatz die Buchstaben entlang des Wegs ein.

Start

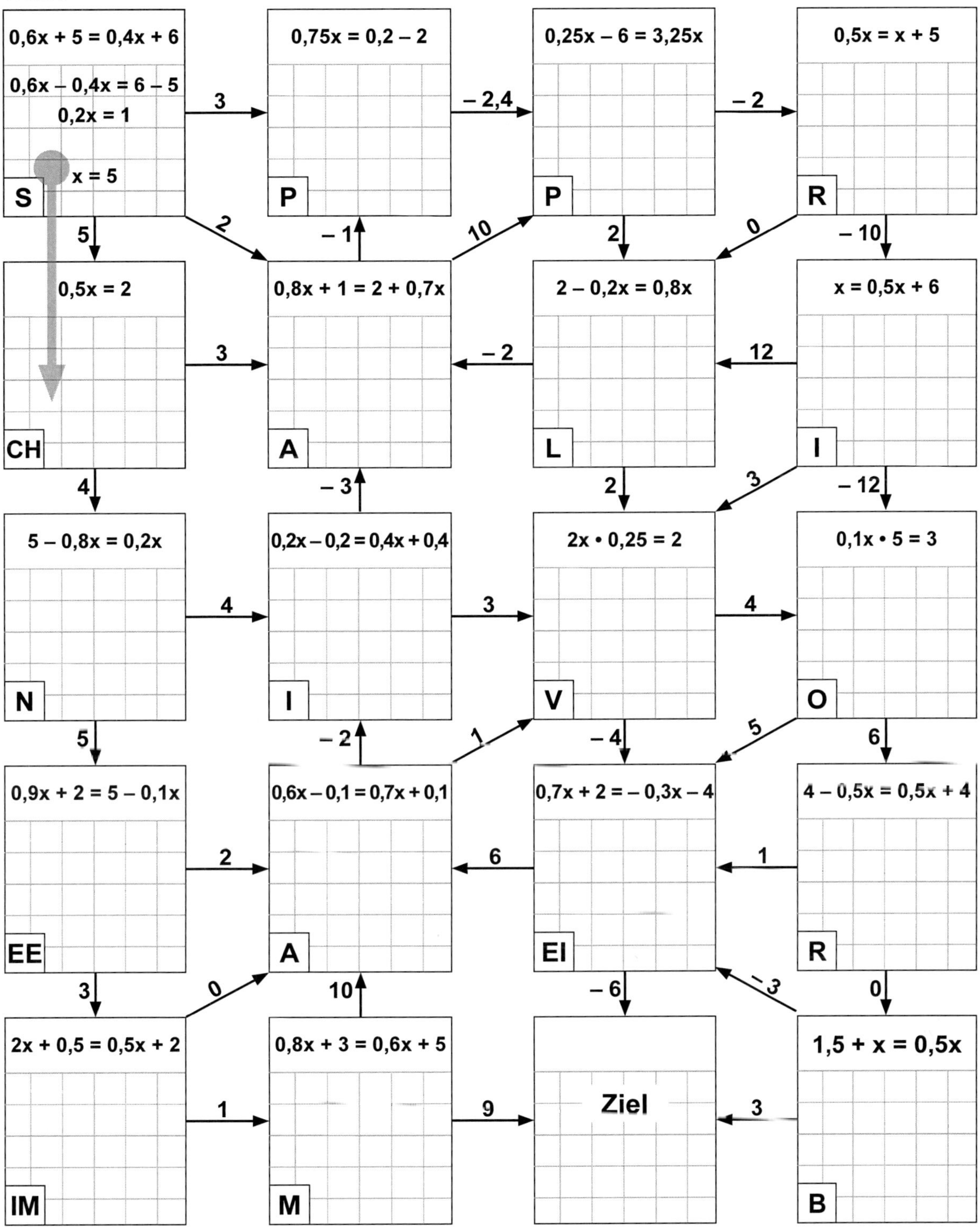

Lösungssatz: S C H _ _ _ _ _ _ _ _ _ _ _ _ ,

_ _ _ _ _ _ _ _ _ _ _ .

IRRGARTEN

MATHE-TRAINING ... zur Wiederholung & Festigung / Klasse 8 – Bestell-Nr. 12 996
KOHL VERLAG

– LÖSUNG –

Start

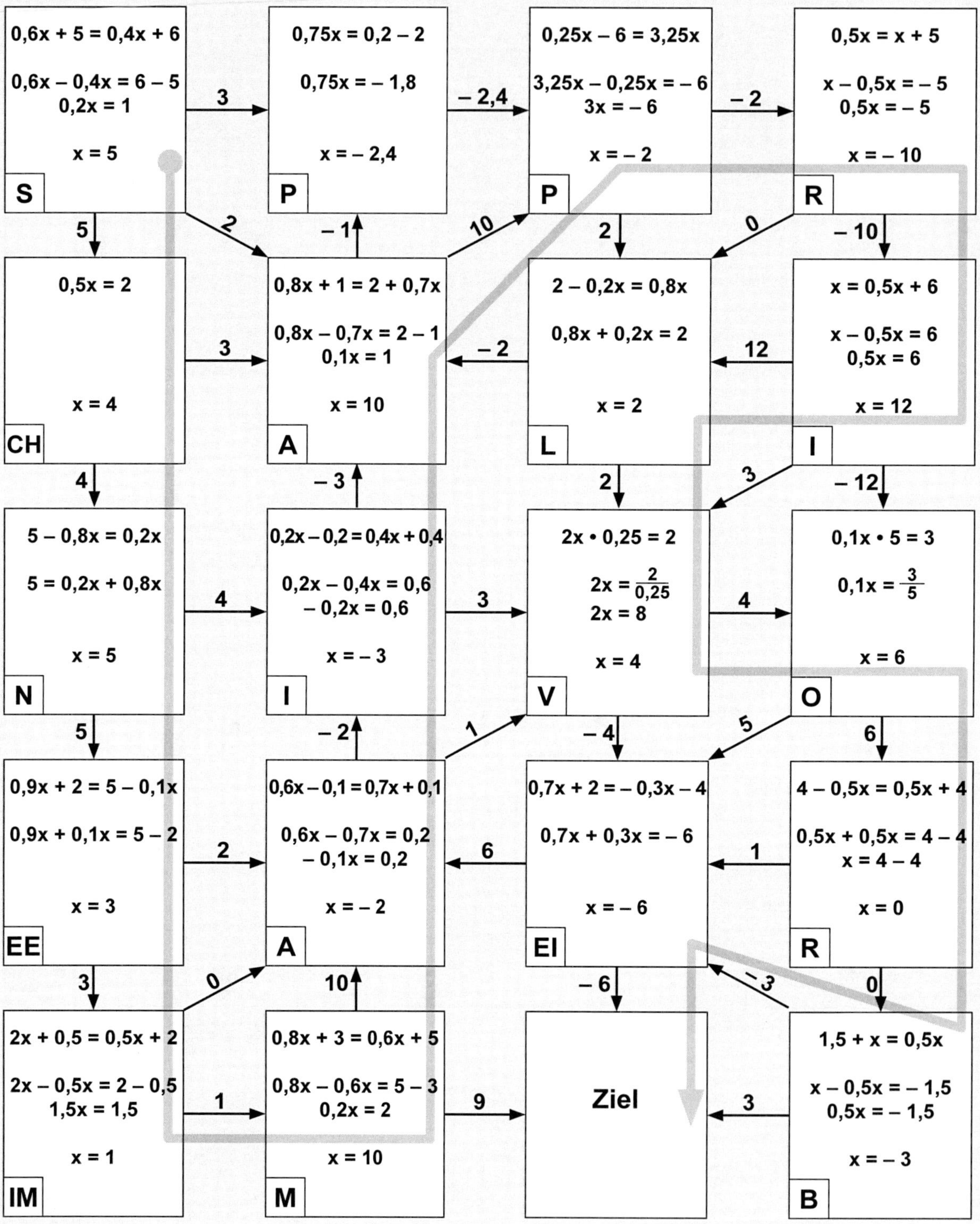

Lösungssatz:

Schnee im Mai, April vorbei.

IRRGARTEN

MATHE-TRAINING ... zur Wiederholung & Festigung / Klasse 8 – Bestell-Nr. 12 996
KOHL VERLAG

Jahreszinsen

Rechne aus und ordne aus dem Schlüssel die richtigen Buchstaben zu.
Trage sie im Lösungssatz von hinten nach vorn ein.

Aufgabe	Lösung: Z =	Buch-staben
90 % von 40 € =	**36 €**	N
46 % von 100 € =		
25 % von 160 € =		
70 % von 70 € =		
80 % von 200 € =		
25 % von 260 € =		
50 % von 52 € =		
1 % von 5500 € =		
90 % von 90 € =		

Aufgabe	Lösung: Z =	Buch-staben
4 % von 800 € =		
40 % von 250 € =		
8 % von 600 € =		
10 % von 680 € =		
70 % von 90 € =		
10 % von 180 € =		
20 % von 210 € =		
35 % von 100 € =		
15 % von 900 € =		

Schlüssel:

18 € Ö	26 € R	32 € M	35 € C	36 € N
40 € I	41 € A	42 € H	46 € E	48 € S
49 € R	55 € E	63 € N	65 € F	68 € E
81 € M	100 € O	135 € S	150 € L	160 € E

Lösungssatz: _ _ _ _ _ _ _ _   _ _ _ _ _ _ _ _ _ N!

GEHEIMSCHRIFT

KOHL VERLAG MATHE-TRAINING ... zur Wiederholung & Festigung / Klasse 8 – Bestell-Nr. 12 996

– LÖSUNG –

Aufgabe	Lösung: Z =	Buch-staben
90 % von 40 € =	**36 €**	**N**
46 % von 100 € =	**46 €**	**E**
25 % von 160 € =	**40 €**	**I**
70 % von 70 € =	**49 €**	**R**
80 % von 200 € =	**160 €**	**E**
25 % von 260 € =	**65 €**	**F**
50 % von 52 € =	**26 €**	**R**
1 % von 5500 € =	**55 €**	**E**
90 % von 90 € =	**81 €**	**M**

Aufgabe	Lösung: Z =	Buch-staben
4 % von 800 € =	**32 €**	**M**
40 % von 250 € =	**100 €**	**O**
8 % von 600 € =	**48 €**	**S**
10 % von 680 € =	**68 €**	**E**
70 % von 90 € =	**63 €**	**N**
10 % von 180 € =	**18 €**	**Ö**
20 % von 210 € =	**42 €**	**H**
35 % von 100 € =	**35 €**	**C**
15 % von 900 € =	**135 €**	**S**

Lösungssatz:
Schöne Sommerferien!

GEHEIMSCHRIFT

KOHL VERLAG MATHE-TRAINING ... zur Wiederholung & Festigung / Klasse 8 – Bestell-Nr. 12 996

Jahreszinsen

Rechne aus und ordne aus dem Schlüssel die richtigen Silben/Wörter zu.
Trage sie im Lösungssatz von hinten nach vorn ein.

Aufgabe	Lösung: Z =	Wort / Silbe
20 % von 4,80 € =	**0,96 €**	DANN
40 % von 5,60 € =		
8 % von 45 € =		
80 % von 1,10 € =		
5 % von 6,60 € =		
19 % von 45 € =		
90 % von 1,20 € =		
25 % von 6,80 € =		
2 % von 7,50 € =		

Aufgabe	Lösung: Z =	Wort / Silbe
4 % von 12,50 € =		
50 % von 3,70 € =		
60 % von 1,50 € =		
15 % von 3,80 € =		
30 % von 5,70 € =		
70 % von 12 € =		
12 % von 12,50 € =		
3 % von 111 € =		
8 % von 1,25 € =		

Schlüssel:

0,09 €	WER
0,57 €	NOCH
1,50 €	DU
3,33 €	MACHST
0,10 €	WAS
0,88 €	DANN
1,85 €	GING
3,60 €	WIE
0,15 €	SE
0,90 €	JOG
1,70 €	AN
5,55 €	GE
0,33 €	UND
0,96 €	DANN
1,71 €	TE
8,40 €	HEU
0,50 €	HO
1,08 €	ZIE
2,24 €	UND
8,55 €	HEN

Lösungssatz: „____ ____ ____ ____–____ ____?“
„____–____–____–____ ____–____–____.“ „____ ____?“
„____ ____ DANN?“

GEHEIMSCHRIFT

MATHE-TRAINING ... zur Wiederholung & Festigung / Klasse 8 – Bestell-Nr. 12 996
KOHL VERLAG

– LÖSUNG –

Aufgabe	Lösung: Z =	Wort / Silbe	Aufgabe	Lösung: Z =	Wort / Silbe
20 % von 4,80 € =	**0,96 €**	**DANN**	4 % von 12,50 € =	**0,50 €**	**HO**
40 % von 5,60 € =	**2,24 €**	**UND**	50 % von 3,70 € =	**1,85 €**	**GING**
8 % von 45 € =	**3,60 €**	**WIE**	60 % von 1,50 € =	**0,90 €**	**JOG**
80 % von 1,10 € =	**0,88 €**	**DANN**	15 % von 3,80 € =	**0,57 €**	**NOCH**
5 % von 6,60 € =	**0,33 €**	**UND**	30 % von 5,70 € =	**1,71 €**	**TE**
19 % von 45 € =	**8,55 €**	**HEN**	70 % von 12 € =	**8,40 €**	**HEU**
90 % von 1,20 € =	**1,08 €**	**ZIE**	12 % von 12,50 € =	**1,50 €**	**DU**
25 % von 6,80 € =	**1,70 €**	**AN**	3 % von 111 € =	**3,33 €**	**MACHST**
2 % von 7,50 € =	**0,15 €**	**SE**	8 % von 1,25 € =	**0,10 €**	**WAS**

Lösungssatz:

„Was machst du heute noch?“
„Jogginghose anziehen.“
„Und dann?“
„Wie und dann?“

GEHEIMSCHRIFT

KOHL VERLAG MATHE-TRAINING ... zur Wiederholung & Festigung / Klasse 8 – Bestell-Nr. 12 996

Jahreszinsen

Rechne aus, runde wenn nötig auf Cent und ordne aus dem Schlüssel die richtigen Silben/Wörter zu. Trage sie im Lösungssatz von hinten nach vorn ein.

Aufgabe	Lösung: Z =	Wort / Silbe
37,5 % von 81,50 € =	**30,56 €**	DIGEN
18,5 % von 62,25 € =		
1,3 % von 125,45 € =		
1,8 % von 244,60 € =		
4,5 % von 554,75 € =		
5,1 % von 633,80 € =		
22,5 % von 95,70 € =		
7,8 % von 456,32 € =		
6,4 % von 82,50 € =		

Aufgabe	Lösung: Z =	Wort / Silbe
11,8 % von 56,57 € =		
8,8 % von 365,45 € =		
14,3 % von 32,66 € =		
9,2 % von 155,52 € =		
36,6 % von 47,65 € =		
17,2 % von 75,59 € =		
9,5 % von 75,90 € =		
22,2 % von 22,22 € =		
17,5 % von 5,40 € =		

Schlüssel:

IN	NEM	EI	CHEN	TEL
0,95 €	1,63 €	4,40 €	4,67 €	4,93 €
UN	SUN	LÖ	LI	SCHUL
5,15 €	5,28 €	6,68 €	7,21 €	11,52 €
BER	GEN	SU	TE	DUM
12,08 €	13,00 €	14,31 €	17,44 €	21,53 €
NACH	DIGEN	NACH	ME	GEN
24,96 €	30,56 €	32,16 €	32,32 €	35,59 €

Lösungssatz: ____–______–_____–_______–_____ _____–_________

________ ______–_______–_______, _______–______ ________

____–______ ___________–DIGEN.

GEHEIMSCHRIFT

MATHE-TRAINING ... zur Wiederholung & Festigung / Klasse 8 – Bestell-Nr. 12 996
KOHL VERLAG

Jahreszinsen

– LÖSUNG –

Aufgabe	Lösung: Z =	Wort / Silbe
37,5 % von 81,50 € =	**30,56 €**	**DIGEN**
18,5 % von 62,25 € =	**11,52 €**	**SCHUL**
1,3 % von 125,45 € =	**1,63 €**	**NEM**
1,8 % von 244,60 € =	**4,40 €**	**EI**
4,5 % von 554,75 € =	**24,96 €**	**NACH**
5,1 % von 633,80 € =	**32,32 €**	**ME**
22,5 % von 95,70 € =	**21,53 €**	**DUM**
7,8 % von 456,32 € =	**35,59 €**	**GEN**
6,4 % von 82,50 € =	**5,28 €**	**SUN**

Aufgabe	Lösung: Z =	Wort / Silbe
11,8 % von 56,57 € =	**6,68 €**	**LÖ**
8,8 % von 365,45 € =	**32,16 €**	**NACH**
14,3 % von 32,66 € =	**4,67 €**	**CHEN**
9,2 % von 155,52 € =	**14,31 €**	**SU**
36,6 % von 47,65 € =	**17,44 €**	**TE**
17,2 % von 75,59 € =	**13,00 €**	**GEN**
9,5 % von 75,90 € =	**7,21 €**	**LI**
22,2 % von 22,22 € =	**4,93 €**	**TEL**
17,5 % von 5,40 € =	**0,95 €**	**IN**

Lösungssatz:
Intelligente suchen nach Lösungen, Dumme nach einem Schuldigen.

GEHEIMSCHRIFT

KOHL VERLAG – MATHE-TRAINING ... zur Wiederholung & Festigung / Klasse 8 – Bestell-Nr. 12 996

Zinsen für Zeiten weniger als 1 Jahr

Rechne aus und verbinde die Punkte bei den Ergebniszahlen (ohne €) in der Reihenfolge der Aufgaben.

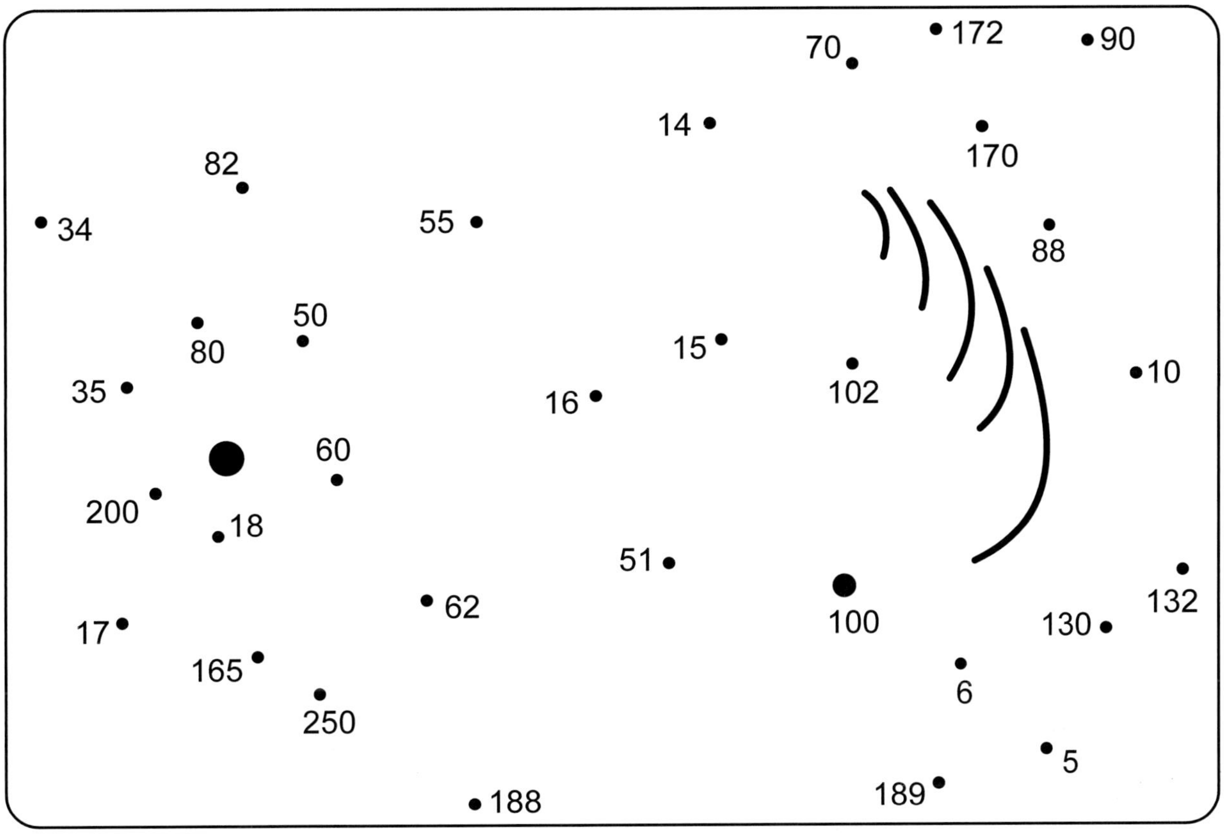

Aufgabe	Lösung: Z =
K = 5000 €, p = 3 % i = 8 Monate	**100 €**
K = 12.000 €, p = 5 % i = 1 Monat	
K = 8000 €, p = 3 % i = 4 Monate	
K = 2625 €, p = 4 % i = 4 Monate	
K = 5000 €, p = 6 % i = 8 Monate	
K = 900 €, p = 8 % i = 3 Monate	
K = 4400 €, p = 5 % i = 9 Monate	
K = 10.000 €, p = 6 % i = 5 Monate	
K = 6000 €, p = 3 % i = 4 Monate	

Aufgabe	Lösung: Z =
K = 2800 €, p = 9 % i = 9 Monate	
K = 1000 €, p = 3 % i = 2 Monate	
K = 9750 €, p = 2 % i = 8 Monate	
K = 3000 €, p = 4 % i = 1 Monat	
K = 6000 €, p = 3 % i = 6 Monate	
K = 5100 €, p = 10 % i = 4 Monate	
K = 5600 €, p = 5 % i = 3 Monate	
K = 600 €, p = 3 % i = 10 Monate	
K = 3000 €, p = 8 % i = 5 Monate	

BILD AUS PUNKTEN

KOHL VERLAG
MATHE-TRAINING ... zur Wiederholung & Festigung / Klasse 8 – Bestell-Nr. 12 996

– LÖSUNG –

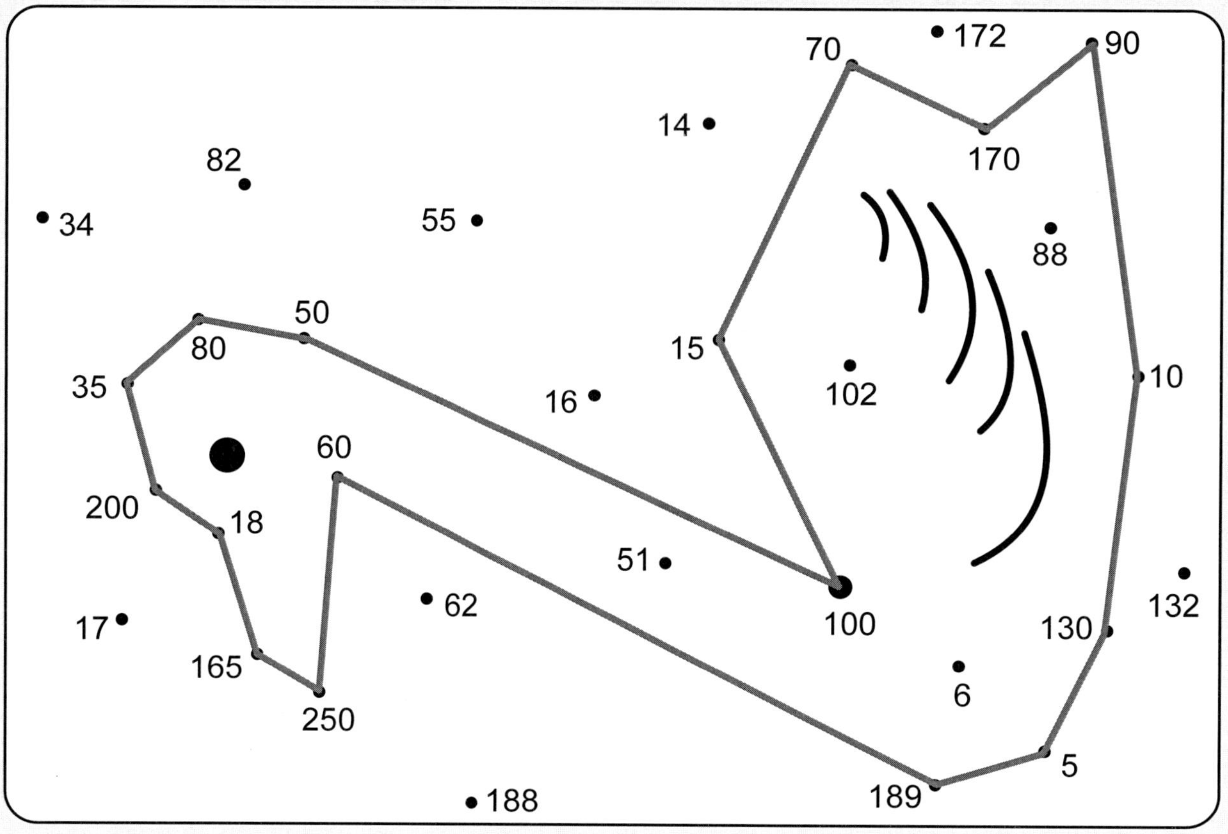

Aufgabe	Lösung: Z =
K = 5000 €, p = 3 % i = 8 Monate	100 €
K = 12.000 €, p = 5 % i = 1 Monat	50 €
K = 8000 €, p = 3 % i = 4 Monate	80 €
K = 2625 €, p = 4 % i = 4 Monate	35 €
K = 5000 €, p = 6 % i = 8 Monate	200 €
K = 900 €, p = 8 % i = 3 Monate	18 €
K = 4400 €, p = 5 % i = 9 Monate	165 €
K = 10.000 €, p = 6 % i = 5 Monate	250 €
K = 6000 €, p = 3 % i = 4 Monate	60 €

Aufgabe	Lösung: Z =
K = 2800 €, p = 9 % i = 9 Monate	189 €
K = 1000 €, p = 3 % i = 2 Monate	5 €
K = 9750 €, p = 2 % i = 8 Monate	130 €
K = 3000 €, p = 4 % i = 1 Monat	10 €
K = 6000 €, p = 3 % i = 6 Monate	90 €
K = 5100 €, p = 10 % i = 4 Monate	170 €
K = 5600 €, p = 5 % i = 3 Monate	70 €
K = 600 €, p = 3 % i = 10 Monate	15 €
K = 3000 €, p = 8 % i = 5 Monate	100 €

Zinsen für Zeiten weniger als 1 Jahr

Rechne aus und verbinde die Punkte bei den Ergebniszahlen (ohne €) in der Reihenfolge der Aufgaben.

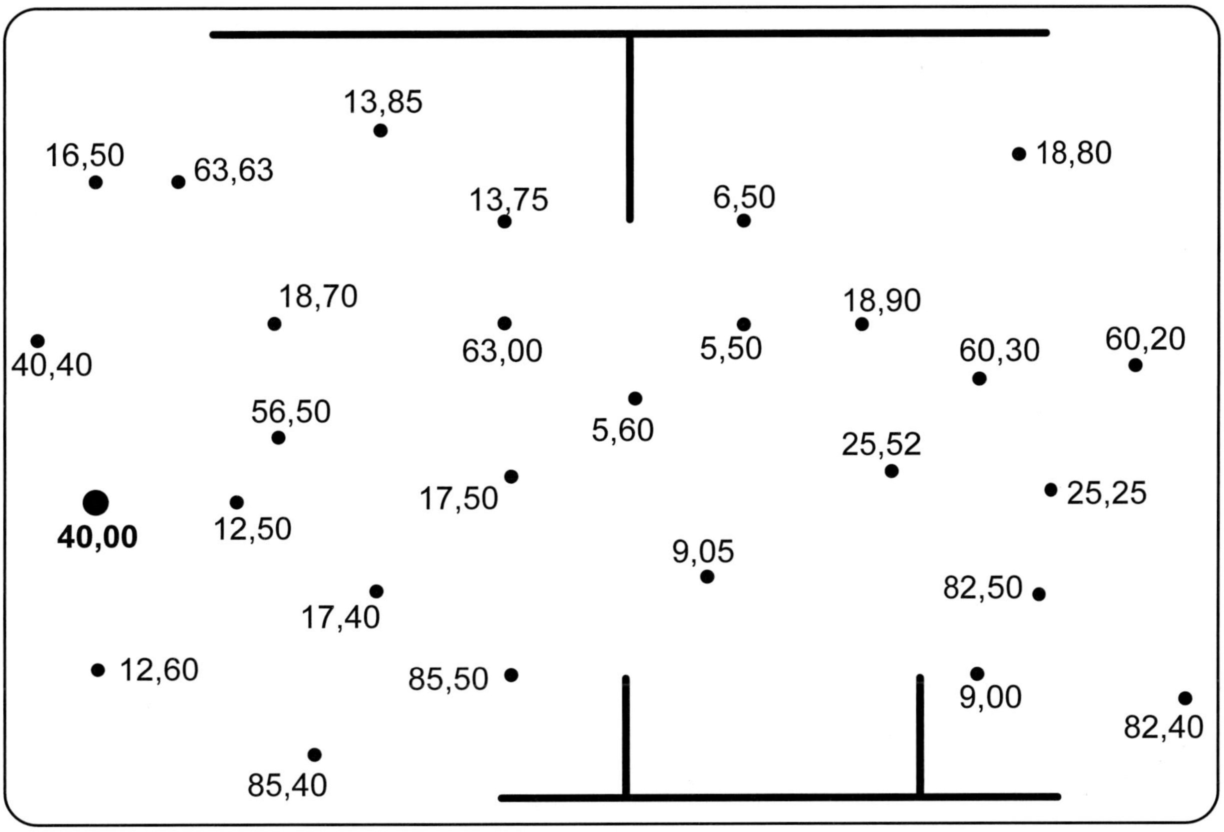

Aufgabe	Lösung: Z =
K = 9600 €, p = 2,5 % i = 2 Monate	**40,00 €**
K = 3000 €, p = 5 % i = 1 Monat	
K = 5650 €, p = 1,5 % i = 8 Monate	
K = 2625 €, p = 2 % i = 4 Monate	
K = 5130 €, p = 2,5 % i = 8 Monate	
K = 900 €, p = 4 % i = 3 Monate	
K = 4400 €, p = 2,5 % i = 9 Monate	
K = 1010 €, p = 6 % i = 5 Monate	
K = 6030 €, p = 3 % i = 4 Monate	

Aufgabe	Lösung: Z =
K = 280 €, p = 9 % i = 9 Monate	
K = 1000 €, p = 3,3 % i = 2 Monate	
K = 975 €, p = 1 % i = 8 Monate	
K = 3000 €, p = 5,5 % i = 1 Monat	
K = 3600 €, p = 3,5 % i = 6 Monate	
K = 510 €, p = 11 % i = 4 Monate	
K = 5656 €, p = 4,5 % i = 3 Monate	
K = 600 €, p = 3,3 % i = 10 Monate	
K = 3200 €, p = 7,5 % i = 2 Monate	

BILD AUS PUNKTEN

KOHL VERLAG MATHE-TRAINING ... zur Wiederholung & Festigung / Klasse 8 – Bestell-Nr. 12 996

Zinsen für Zeiten weniger als 1 Jahr

23*

– LÖSUNG –

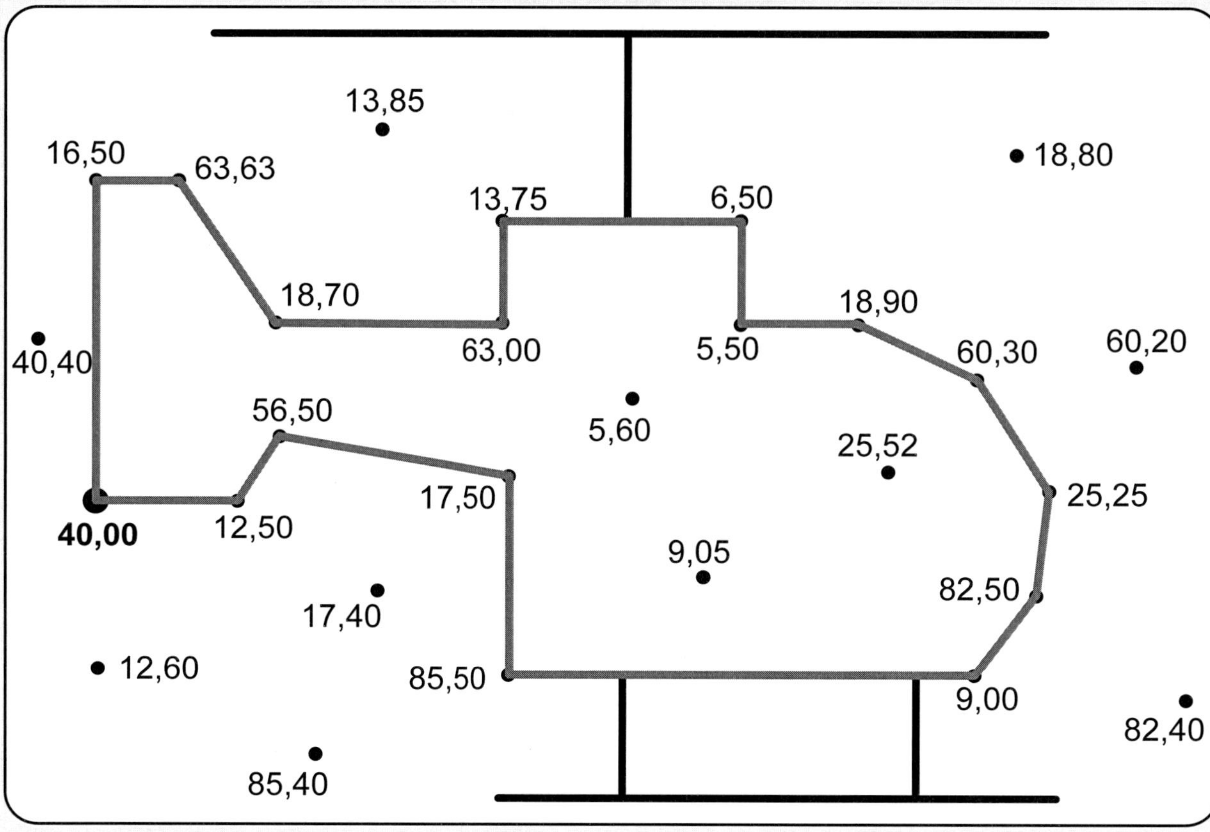

Aufgabe	Lösung: Z =
K = 9600 €, p = 2,5 % i = 2 Monate	40,00 €
K = 3000 €, p = 5 % i = 1 Monat	12,50 €
K = 5650 €, p = 1,5 % i = 8 Monate	56,50 €
K = 2625 €, p = 2 % i = 4 Monate	17,50 €
K = 5130 €, p = 2,5 % i = 8 Monate	85,50 €
K = 900 €, p = 4 % i = 3 Monate	9,00 €
K = 4400 €, p = 2,5 % i = 9 Monate	82,50 €
K = 1010 €, p = 6 % i = 5 Monate	25,25 €
K = 6030 €, p = 3 % i = 4 Monate	60,30 €

Aufgabe	Lösung: Z =
K = 280 €, p = 9 % i = 9 Monate	18,90 €
K = 1000 €, p = 3,3 % i = 2 Monate	5,50 €
K = 975 €, p = 1 % i = 8 Monate	6,50 €
K = 3000 €, p = 5,5 % i = 1 Monat	13,75 €
K = 3600 €, p = 3,5 % i = 6 Monate	63,00 €
K = 510 €, p = 11 % i = 4 Monate	18,70 €
K = 5656 €, p = 4,5 % i = 3 Monate	63,63 €
K = 600 €, p = 3,3 % i = 10 Monate	16,50 €
K = 3200 €, p = 7,5 % i = 2 Monate	40,00 €

BILD AUS PUNKTEN

KOHL VERLAG
MATHE-TRAINING
... zur Wiederholung & Festigung / Klasse 8 – Bestell-Nr. 12 996

Zinsen für Zeiten weniger als 1 Jahr

24**

Rechne aus und verbinde die Punkte bei den Ergebniszahlen (ohne €) in der Reihenfolge der Aufgaben. Runde auf Cent. (1 Jahr = 360 Tage)

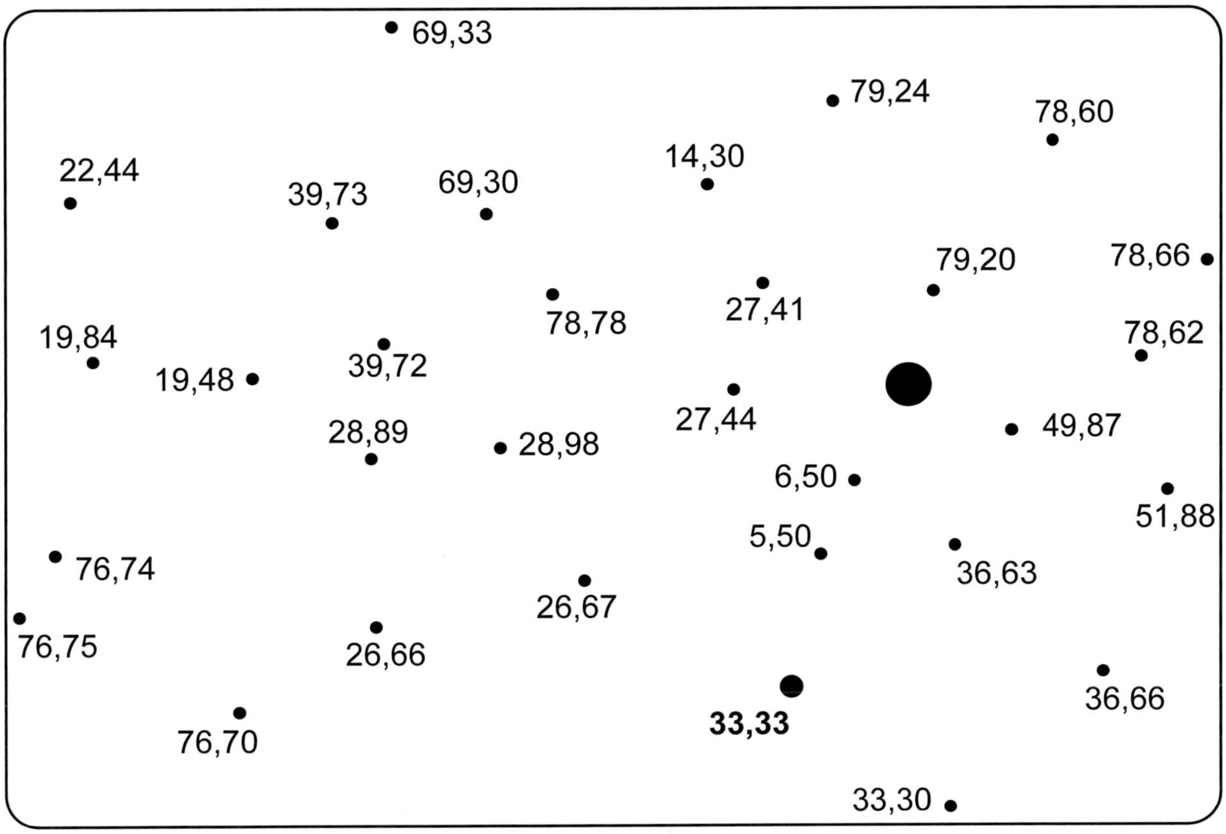

Aufgabe	Lösung: Z =
K = 5000 €, p = 3 % i = 80 Tage	**33,33 €**
K = 1200 €, p = 5,5 % i = 1 Monat	
K = 8000 €, p = 3 % i = 40 Tage	
K = 2600 €, p = 4 % i = 100 Tage	
K = 5000 €, p = 6,5 % i = 85 Tage	
K = 950 €, p = 8,2 % i = 3 Monate	
K = 4400 €, p = 5,1 % i = 36 Tage	
K = 10.000 €, p = 2,6 % i = 55 Tage	
K = 6060 €, p = 3,9 % i = 4 Monate	

Aufgabe	Lösung: Z =
K = 2800 €, p = 9 % i = 99 Tage	
K = 1300 €, p = 3,3 % i = 230 Tage	
K = 975 €, p = 2,2 % i = 8 Monate	
K = 3660 €, p = 4,1 % i = 190 Tage	
K = 3050 €, p = 5,8 % i = 160 Tage	
K = 5100 €, p = 1,1 % i = 320 Tage	
K = 5660 €, p = 7,5 % i = 44 Tage	
K = 666 €, p = 6,6 % i = 10 Monate	
K = 2500 €, p = 2 % i = 240 Tage	

BILD AUS PUNKTEN

MATHE-TRAINING ... zur Wiederholung & Festigung / Klasse 8 – Bestell-Nr. 12 996
KOHL VERLAG

Zinsen für Zeiten weniger als 1 Jahr

– LÖSUNG –

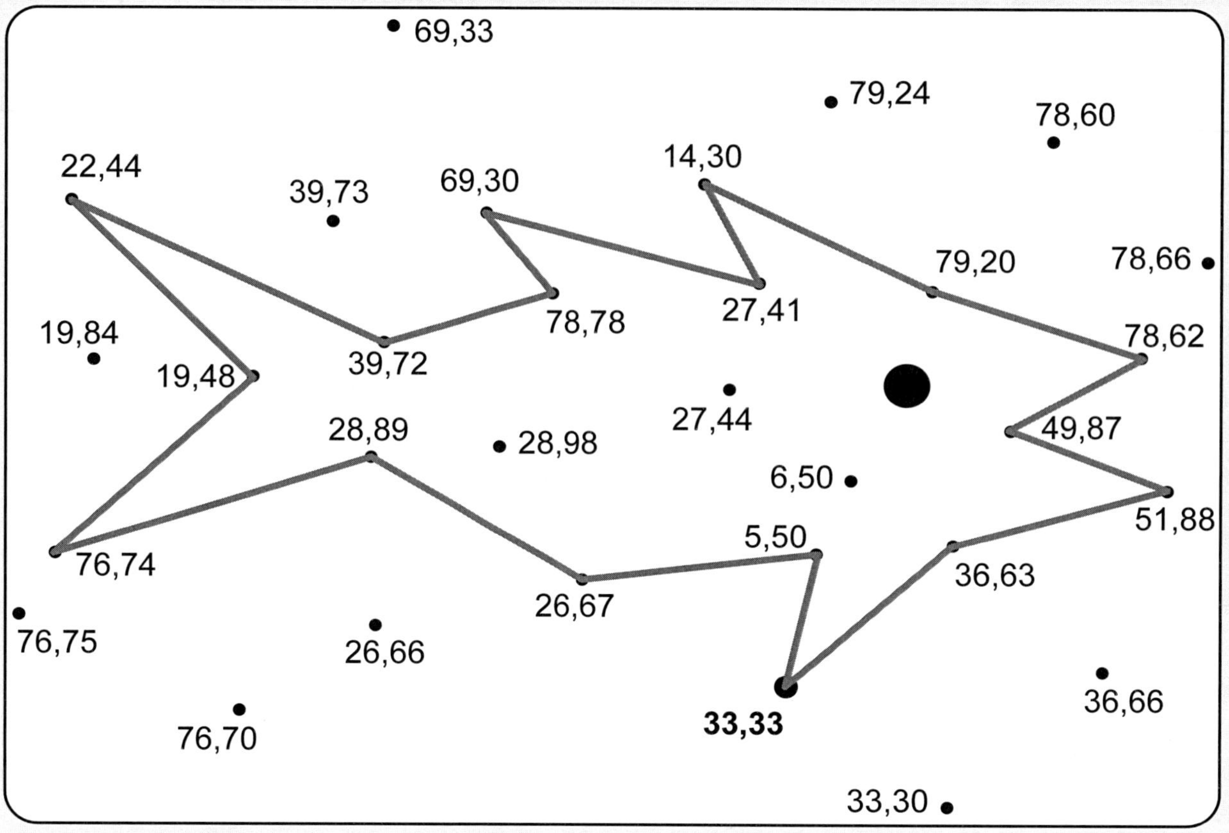

Aufgabe	Lösung: Z =
K = 5000 €, p = 3% i = 80 Tage	33,33 €
K = 1200 €, p = 5,5 % i = 1 Monat	5,50 €
K = 8000 €, p = 3 % i = 40 Tage	26,67 €
K = 2600 €, p = 4 % i = 100 Tage	28,89 €
K = 5000 €, p = 6,5 % i = 85 Tage	76,74 €
K = 950 €, p = 8,2 % i = 3 Monate	19,48 €
K = 4400 €, p = 5,1 % i = 36 Tage	22,44 €
K = 10.000 €, p = 2,6 % i = 55 Tage	39,72 €
K = 6060 €, p = 3,9 % i = 4 Monate	78,78 €

Aufgabe	Lösung: Z =
K = 2800 €, p = 9 % i = 99 Tage	69,30 €
K = 1300 €, p = 3,3 % i = 230 Tage	27,41 €
K = 975 €, p = 2,2 % i = 8 Monate	14,30 €
K = 3660 €, p = 4,1 % i = 190 Tage	79,20 €
K = 3050 €, p = 5,8 % i = 160 Tage	78,62 €
K = 5100 €, p = 1,1 % i = 320 Tage	49,87 €
K = 5660 €, p = 7,5 % i = 44 Tage	51,88 €
K = 666 €, p = 6,6 % i = 10 Monate	36,63 €
K = 2500 €, p = 2 % i = 240 Tage	33,33 €

BILD AUS PUNKTEN

KOHL VERLAG
MATHE-TRAINING
... zur Wiederholung & Festigung / Klasse 8 – Bestell-Nr. 12 996

Kapital oder Zinssatz gesucht

Berechne das Kapital K oder den Zinssatz p, folge den Pfeilen mit den richtigen Ergebnissen, markiere den Weg (Bleistift), trage im Lösungssatz die Silben entlang des Wegs ein.

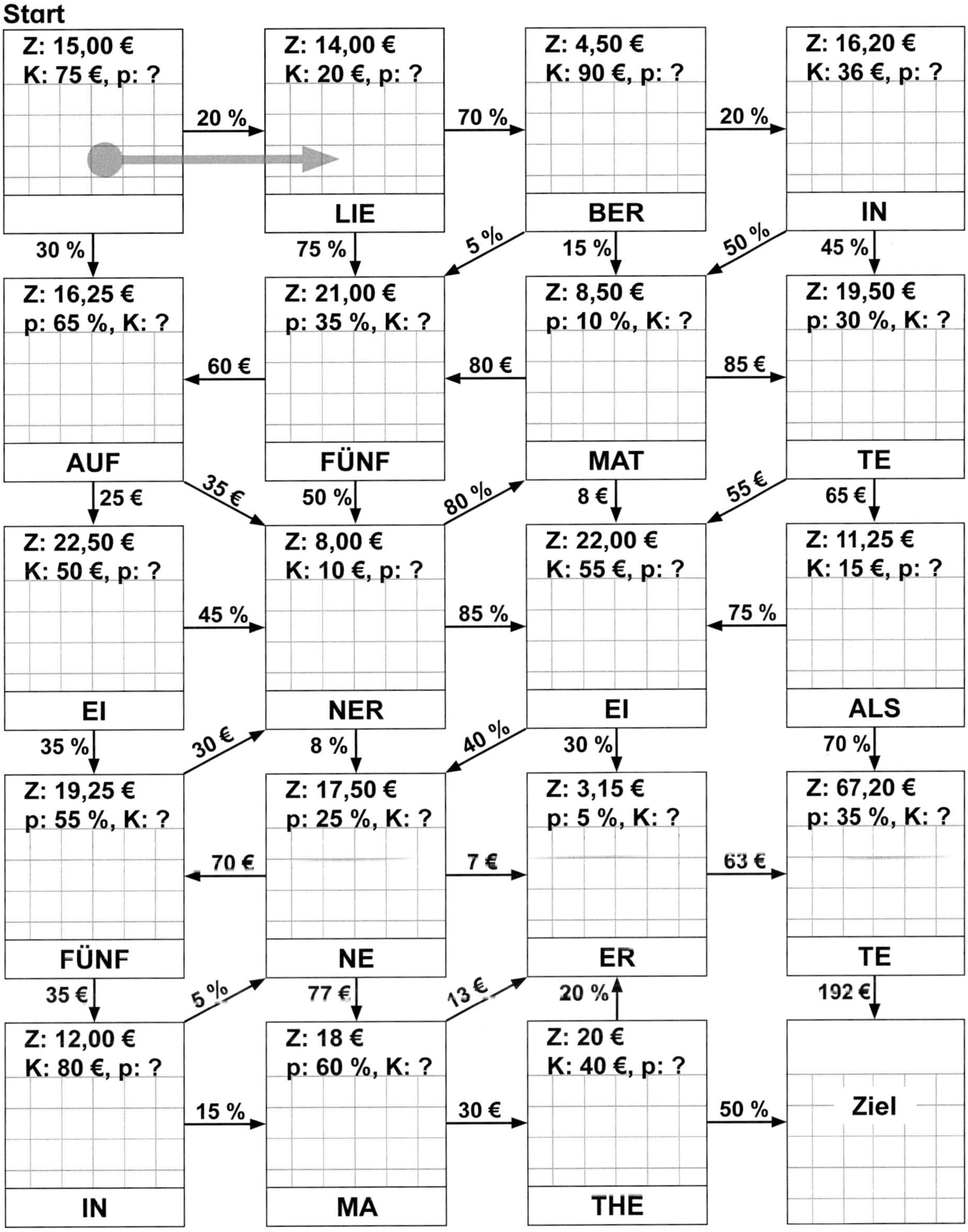

Lösungssatz: LIE – ______ ______ ______ ______–______

______–______ ______ ______–______ ______ ______ ______–______.

IRRGARTEN

KOHL VERLAG
MATHE-TRAINING
... zur Wiederholung & Festigung / Klasse 8 – Bestell-Nr. 12 996

– LÖSUNG –

Start

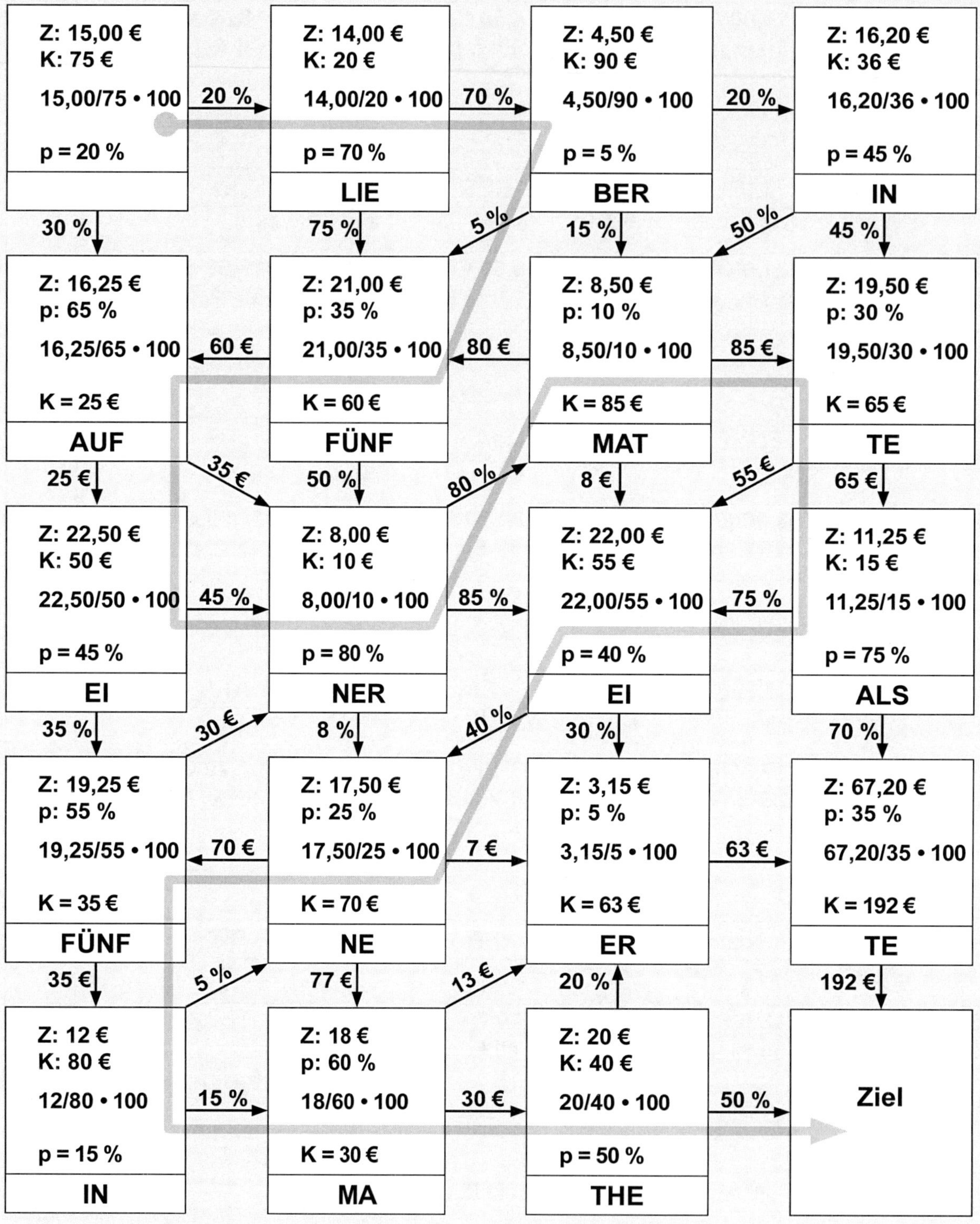

Lösungssatz:

Lieber fünf auf einer Matte als eine fünf in Mathe.

IRRGARTEN

MATHE-TRAINING ... zur Wiederholung & Festigung / Klasse 8 – Bestell-Nr. 12 996
KOHL VERLAG

Kapital oder Zinssatz gesucht

Berechne das Kapital K oder den Zinssatz p, folge den Pfeilen mit den richtigen Ergebnissen, markiere den Weg (Bleistift), trage im Lösungssatz die Buchstaben entlang des Wegs ein.

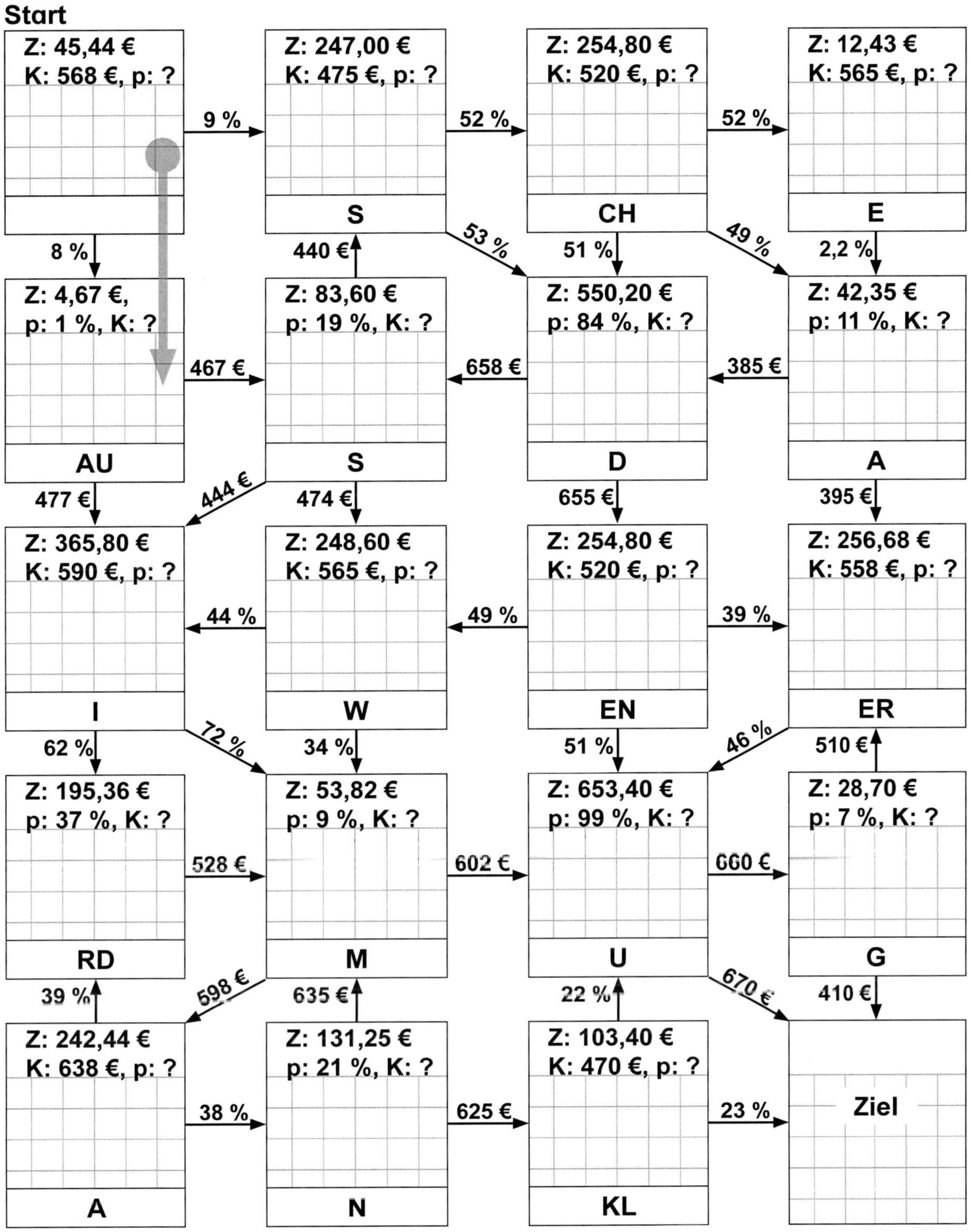

Lösungssatz: A U __ ___________________

_____ _____.

IRRGARTEN

KOHL VERLAG
MATHE-TRAINING ... zur Wiederholung & Festigung / Klasse 8 – Bestell-Nr. 12 996

Kapital oder Zinssatz gesucht

– LÖSUNG –

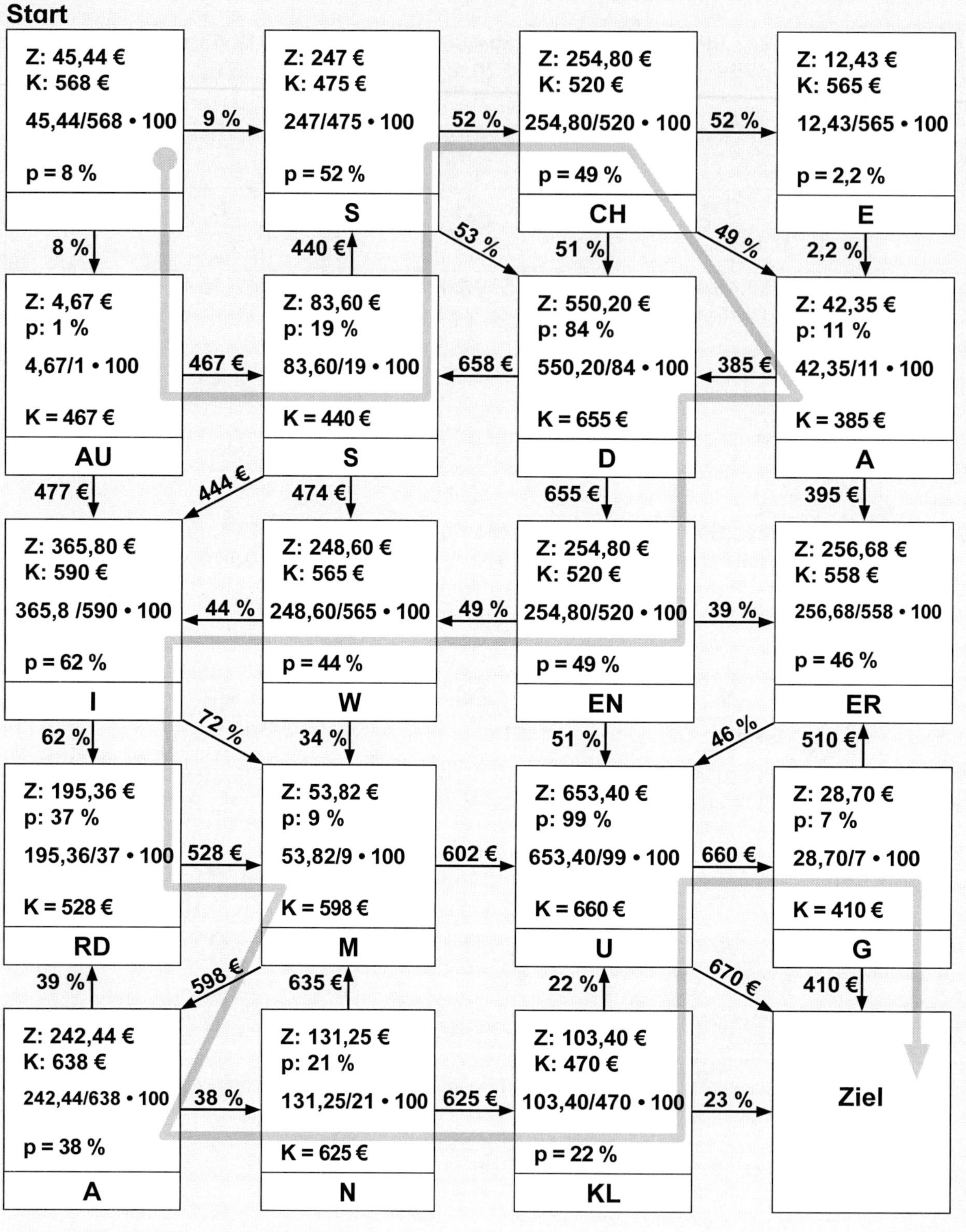

Lösungssatz:

Aus Schaden wird man klug.

IRRGARTEN

MATHE-TRAINING
... zur Wiederholung & Festigung / Klasse 8 – Bestell-Nr. 12 996
KOHL VERLAG

Kapital oder Zinssatz gesucht

27**

Berechne K oder p, runde auf ct, folge den Pfeilen mit den richtigen Ergebnissen, markiere den Weg (Bleistift), trage im Lösungssatz die Buchstaben entlang des Wegs ein.

Start

Z: 26,45 € K: 575 €, p: ?	Z: 16,30 € K: 362 €, p: ? **DU**	Z: 97,65 € K: 620 €, p: ? **OH**	Z: 55,02 € K: 655 €, p: ? **NE**
Z: 11,16 € p: 1,3 %, K: ? **WI**	Z: 18,37 € p: 4,2 %, K: ? **OY**	Z: 24,24 € p: 4,8 %, K: ? **RD**	Z: 10,34 € p: 2,2 %, K: ? **PFE**
Z: 68,46 € K: 815 €, p: ? **E**	Z: 90,72 € K: 672 €, p: ? **WB**	Z: 10,70 € K: 428 €, p: ? **SAT**	Z: 8,70 € K: 580 €, p: ? **TEL**
Z: 13,28 € p: 2,4 %, K: ? **HEI**	Z: 20,45 € p: 6,5 %, K: ? **CO**	Z: 17,36 € p: 5,3 %, K: ? **LE**	Z: 45,15 € p: 8,9 %, K: ? **SCH**
Z: 213,00 € K: 568 €, p: ? **ßT**	Z: 15,67 € p: 3,3 %, K: ? **EIN**	Z: 512,30 € K: 545 €, p: ? **PP**	**Ziel** **ER**

Pfeile:
- Start → DU: 46 %
- Start → WI: 4,6 %
- DU → OH: 4,5 %
- OH → NE: 15,75 %
- OY → DU: 4,4 %
- OY → OH: 437,38 €
- OH → RD: 15,6 %
- NE → RD: 8,5 %
- NE → PFE: 8,4 %
- WI → OY: 858 €
- RD → OY: 550 €
- PFE → RD: 470 €
- WI → E: 858,46 €
- OY → E: 438,30 €
- WB → OY: 13,5 %
- RD → SAT: 505 €
- PFE → TEL: 480 €
- E → WB: 4,8 %
- WB → SAT: 3,5 %
- SAT → TEL: 2,5 %
- E → HEI: 8,4 %
- CO → WB: 314,62 €
- SAT → LE: 2,6 %
- TEL → LE: 1,6 %
- TEL → SCH: 1,5 %
- HEI → CO: 503,30 €
- CO → LE: 315 €
- SCH → LE: 507,30 €
- HEI → ßT: 553,33 €
- ßT → CO: 3,7 %
- EIN → CO: 474,85 €
- PP → CO: 9,4 %
- LE → PP: 327,66 €
- LE → Ziel: 328,50 €
- SCH → Ziel: 508,20 €
- ßT → EIN: 37,5 %
- EIN → PP: 447,20 €
- PP → Ziel: 94 %

Lösungssatz: W I _ _ _ _ _ _ _ _ _ _ _ _ _ _ _ _ _ _

_ _ _ _ _ _ _ _ _ _ _? _!

IRRGARTEN

Kapital oder Zinssatz gesucht

– LÖSUNG –

Start

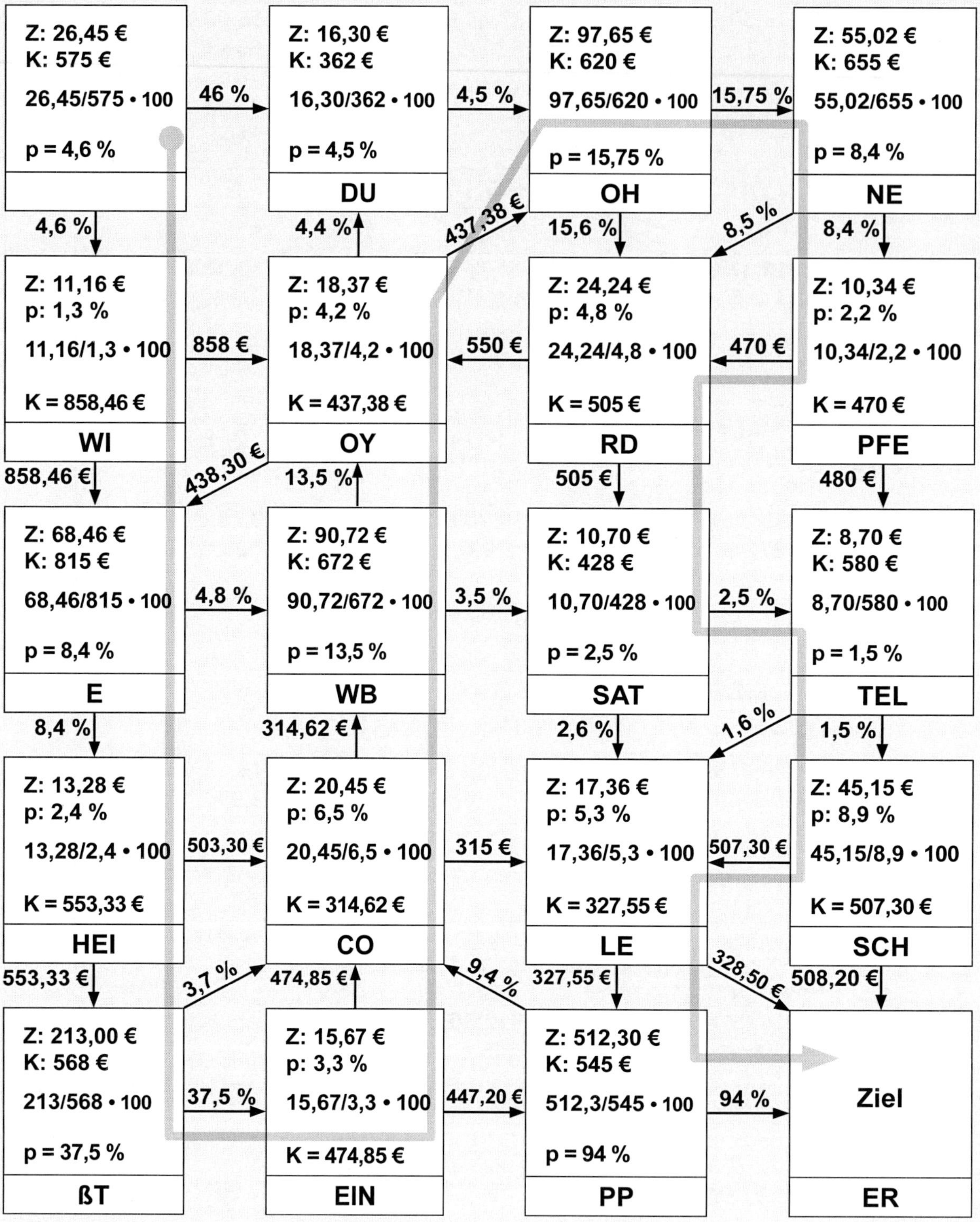

Lösungssatz:

Wie heißt ein Cowboy ohne Pferd? Sattelschlepper!

KOHL VERLAG MATHE-TRAINING ... zur Wiederholung & Festigung / Klasse 8 – Bestell-Nr. 12 996

Zinsen – Textaufgaben

Ordne Texte, Fragen und Ergebnisse richtig zu und nummeriere entsprechend. Spaltenweise jeweils von 1 bis 8 gelesen ergibt sich aus den Buchstaben der Spalten der Lösungssatz.

Nr.	Text 1		Text 2		Frage		Ergebnis
1 F	Frau Kohl hat 9500 € Schulden.	E	Nach einem Jahr sind seine Aktien 4 % weniger wert.	B	Und wieviel zahle ich dann an Zinsen im ersten Jahr?	E	750 €
2 R	Frau Maier hat 25.000 € in Aktien der Firma DXX angelegt.	N	Sie legt den Lottogewinn zu 2 % Jahreszinsen an.	L	Wie hoch sind die zu zahlenden Zinsen für ihn im ersten Jahr?	N	900 €
3 E	Auch Herr Maier besitzt Aktien, insgesamt für 18.000 €.	N	Bei uns zahlen Sie nur 13 % Zinsen im ersten Jahr!	R	Um wie viele Euro hat sich nach einem Jahr der Lottogewinn vergrößert?	B	855 €
4 C	Frau Schlau hat einen Lottogewinn in Höhe von 28.600 € gemacht.	D	Er braucht bei seiner Bank aber nur 8 % Jahreszinsen zu zahlen.	Ü	Was bekommt man dann an Zinsen nach einem Jahr ausgezahlt?	L	572 €
5 H	Anzeige: Sie brauchen 5000 € sofort?	E	Ihr fehlen aber 21.700 €. Dafür verlangt der Händler 3 % Zinsen im Jahr.	V	Um wie viele Euro ist der Aktienwert nach einem Jahr gestiegen?	R	720 €
6 ?	Frau Schnell braucht ein neues Auto. Es soll 52.500 € kosten.	A	Wir verzinsen Ihr Kapital mit 3 %.	S	Wieviel muss Frau Kohl allein an Zinsen an ihre Bank im Jahr zahlen?	G	651 €
7 I	Auch Herr Kohl hat Schulden. Es sind 11.900 €.	N	Im ersten Jahr steigt der Wert der Aktien um 3 %.	A	Wie viele Euros muss sie im Jahr zusätzlich an den Händler zahlen?	E	650 €
8 C	Anzeige: Sie wollen 30.000 € gewinnbringend anlegen?	H	Ihre Bank verlangt 9 % Zinsen im Jahr.	E	Wie viele Euro hat er in dem Jahr verloren?	E	952 €

F _ _ _ _ _ _ _ _ (1 2 3 4 5 6 7 8)   H _ _ _ _ _ _ _ _ (1 2 3 4 5 6 7 8)   S _ _ _ _ _ _ _ _ (1 2 3 4 5 6 7 8)   B _ _ _ _ _ _ _ _ (1 2 3 4 5 6 7 8)

Lösungssatz:

F_______ ______ _______ ______ _______ ________!

TEXTAUFGABEN BILDEN

– LÖSUNG –

Nr.	Text 1	Nr.	Text 2	Nr.	Frage	Nr.	Ergebnis
1 F	Frau Kohl hat 9500 € Schulden.	3 E	Nach einem Jahr sind seine Aktien 4 % weniger wert.	5 B	Und wieviel zahle ich dann an Zinsen im ersten Jahr?	2 E	750 €
2 R	Frau Maier hat 25.000 € in Aktien der Firma DXX angelegt.	4 N	Sie legt den Lottogewinn zu 2 % Jahreszinsen an.	7 L	Wie hoch sind die zu zahlenden Zinsen für ihn im ersten Jahr?	8 N	900 €
3 E	Auch Herr Maier besitzt Aktien, insgesamt für 18.000 €.	5 N	Bei uns zahlen Sie nur 13 % Zinsen im ersten Jahr!	4 R	Um wie viele Euro hat sich nach einem Jahr der Lottogewinn vergrößert?	1 B	855 €
4 C	Frau Schlau hat einen Lottogewinn in Höhe von 28.600 € gemacht.	7 D	Er braucht bei seiner Bank aber nur 8 % Jahreszinsen zu zahlen.	8 Ü	Was bekommt man dann an Zinsen nach einem Jahr ausgezahlt?	4 L	572 €
5 H	Anzeige: Sie brauchen 5000 € sofort?	6 E	Ihr fehlen aber 21.700 €. Dafür verlangt der Händler 3 % Zinsen im Jahr.	2 V	Um wie viele Euro ist der Aktienwert nach einem Jahr gestiegen?	3 R	720 €
6 ?	Frau Schnell braucht ein neues Auto. Es soll 52.500 € kosten.	8 A	Wir verzinsen Ihr Kapital mit 3 %.	1 S	Wieviel muss Frau Kohl allein an Zinsen an ihre Bank im Jahr zahlen?	6 G	651 €
7 I	Auch Herr Kohl hat Schulden. Es sind 11.900 €.	2 N	Im ersten Jahr steigt der Wert der Aktien um 3 %.	6 A	Wie viele Euros muss sie im Jahr zusätzlich an den Händler zahlen?	5 E	650 €
8 C	Anzeige: Sie wollen 30.000 € gewinnbringend anlegen?	1 H	Ihre Bank verlangt 9 % Zinsen im Jahr.	3 E	Wie viele Euro hat er in dem Jahr verloren?	7 E	952 €

Ergebnisse:

F	R	E	C	H	?	I	C	H	N	E	N	N	E	D	A	S	V	E	R	B	A	L	Ü	B	E	R	L	E	G	E	N
1	2	3	4	5	6	7	8	1	2	3	4	5	6	7	8	1	2	3	4	5	6	7	8	1	2	3	4	5	6	7	8

Lösungssatz: Frech? Ich nenne das verbal überlegen!

TEXTAUFGABEN BILDEN

Zinsen – Textaufgaben

Ordne Texte, Fragen und Ergebnisse richtig zu und nummeriere entsprechend. Spaltenweise jeweils von 1 bis 8 gelesen ergibt sich aus den Buchstaben der Spalten der Lösungssatz.

	Text 1		Text 2		Frage		Ergebnis
1 I	Hanna will sich ein neues Mountainbike für 1298 € kaufen.	N	Frau Schmidt bekommt im Jahr 129,60 € Zinsen.	C	Wie groß ist das Guthaben auf Sonjas Sparbuch?	O	9 %
2 C	Herrn Müller fehlen für ein neues Gartenhaus noch 1500 €.	V	Sie bringt den Gewinn zur Bank und bekommt dafür 129,60 € Zinsen im Jahr.	A	Wie hoch ist der Zinssatz in der Anzeige?	T	7355 €
3 H	Die Bank XXY verzinst das Guthaben von Frau Schmidt mit 1,8 %.	G	Nur die ZZY Bank leiht ihr schnell Geld, aber zu 10,8 % Zinsen.	ß	Wie groß darf dann der Zinssatz höchstens sein?	V	68,75 €
4 K	Anzeige: Sie brauchen 5000 € sofort?	H	Für das Rad muss sie sich 550 € zu 12,5 % Jahreszinsen leihen.	I	Wie viele Euro Zinsen bekommt Ali jedes Jahr?	H	13,5 %
5 A	Frau Cevic hat 4800 € im Lotto gewonnen.	R	Sie erhält im Jahr 58,84 € Zinsen auf dem Sparbuch gutgeschrieben.	H	Wie viele Euro Zinsen muss sie für den schnellen Kredit jährlich zahlen?	R	7200 €
6 M	Ali hat 3950 € auf seinem Sparkonto.	D	Kein Problem: Unsere Jahreszinsen betragen dann nur 675 €.	A	Wieviel Zinsen muss Hanna im Jahr zahlen?	A	2,7 %
7 S	Auch Sonja hat ein Sparbuch. Sie bekommt aber nur 0,8 % Zinsen.	U	Er möchte aber maximal 135 € an Zinsen im Jahr für das Haus zahlen.	S	Wie hoch ist der Zinssatz, mit dem die Bank den Gewinn verzinst?	E	131,76 €
8 A	Frau Meier braucht ganz schnell 1220 €.	E	Die Bank gibt 1,8 % Zinsen auf Sparkonten.	W	Wie groß ist ihr Guthaben?	T	71,10 €

I _ _ _ _ _, _ _ H _ _ _ _ _ _ A _, _ _ _ _ _ _ V _ _ _ _ _ _ _

(1)(2)(3) (4)(5)(6) (7)(8) (1) (2)(3)(4) (5)(6)(7)(8) (1)(2) (3)(4)(5) (6)(7)(8) (1)(2)(3)(4)(5)(6)(7)(8)

Lösungssatz:

I_____ _____, _____ _____ __________, _____ _____ __________.

TEXTAUFGABEN BILDEN

Zinsen – Textaufgaben

– LÖSUNG –

	Text 1		Text 2		Frage		Ergebnis
1 I	Hanna will sich ein neues Mountainbike für 1298 € kaufen.	3 N	Frau Schmidt bekommt im Jahr 129,60 € Zinsen.	7 C	Wie groß ist das Guthaben auf Sonjas Sparbuch?	2 O	9 %
2 C	Herrn Müller fehlen für ein neues Gartenhaus noch 1500 €.	5 V	Sie bringt den Gewinn zur Bank und bekommt dafür 129,60 € Zinsen im Jahr.	4 A	Wie hoch ist der Zinssatz in der Anzeige?	7 T	7355 €
3 H	Die Bank XXY verzinst das Guthaben von Frau Schmidt mit 1,8 %.	8 G	Nur die ZZY Bank leiht ihr schnell Geld, aber zu 10,8 % Zinsen.	2 ß	Wie groß darf dann der Zinssatz höchstens sein?	1 V	68,75 €
4 K	Anzeige: Sie brauchen 5000 € sofort?	1 H	Für das Rad muss sie sich 550 € zu 12,5 % Jahreszinsen leihen.	6 I	Wie viele Euro Zinsen bekommt Ali jedes Jahr?	4 H	13,5 %
5 A	Frau Cevic hat 4800 € im Lotto gewonnen.	7 R	Sie erhält im Jahr 58,84 € Zinsen auf dem Sparbuch gutgeschrieben.	8 H	Wie viele Euro Zinsen muss sie für den schnellen Kredit jährlich zahlen?	3 R	7200 €
6 M	Ali hat 3950 € auf seinem Sparkonto.	4 D	Kein Problem: Unsere Jahreszinsen betragen dann nur 675 €.	1 A	Wieviel Zinsen muss Hanna im Jahr zahlen?	5 A	2,7 %
7 S	Auch Sonja hat ein Sparbuch. Sie bekommt aber nur 0,8 % Zinsen.	2 U	Er möchte aber maximal 135 € an Zinsen im Jahr für das Haus zahlen.	5 S	Wie hoch ist der Zinssatz, mit dem die Bank den Gewinn verzinst?	8 E	131,76 €
8 A	Frau Meier braucht ganz schnell 1220 €.	6 E	Die Bank gibt 1,8 % Zinsen auf Sparkonten.	3 W	Wie groß ist ihr Guthaben?	6 T	71,10 €

I C H (1 2 3) K A M (4 5 6), S A (7 8) H (1) U N D (2 3 4) V E R G (5 6 7 8) A ß (1 2), W A S (3 4 5) I C H (6 7 8) V O R H A T T E (1 2 3 4 5 6 7 8)

Lösungssatz: Ich kam, sah und vergaß, was ich vorhatte.

TEXTAUFGABEN BILDEN

Zinsen – Textaufgaben

30**

Ordne Texte, Fragen und Ergebnisse richtig zu und nummeriere entsprechend. Spaltenweise jeweils von 1 bis 8 gelesen ergibt sich aus den Buchstaben der Spalten der Lösungssatz.

	Text 1		Text 2		Text 3		Frage		Ergebnis
1 D	Hans möchte ein neues Rennrad. Der Listenpreis ist 1395 €.	S	Als Geld eingenommen wird, braucht die Firma Kredit nur für 20 Tage	T	Außerdem zahlt die Bank Frau Meier eine Treueprämie von 50 €.	T	Ab welcher Kreditsumme ist das 5,7 %-Angebot günstiger?	H	9 %
2 E	Frau Meiers Bankguthaben hat sich letztes Jahr um 685,05 € erhöht.	E	Sie hat aber einen Jahreswagen mit 25 % Rabatt gekauft.	1 Z	Er hat 525 €, braucht für den Rest einen Kredit mit 9% Jahreszinsen.	E	Wie hoch ist der Jahreszinssatz für diesen 20-tägigen Kredit?	N	24 425 €
3 R	Herr Müller braucht kurzfristig 1600 €.	T	Entweder zahlen Sie 7 % Zinsen ohne weitere Nebenkosten	I	Anna zahlt 12 % Zinsen. Lisas Guthaben wird nur mit 1,8 % verzinst.	E	Wie hoch sind dann die Zinsen für ihn?	1 A	72,02 €
4 B	Frau Schmidts Auto hätte als Neuwagen 30.000 € gekostet.	R	Lisas Freundin Anna hat sich bei der gleichen Bank 2500 € geliehen.	L	An die Bank zahlt Firma Besser 54,45 € Zinsen.	1 E	Wie viele Euro Zinsen muss Hans in einem Jahr zahlen?	T	1751 €
5 A	Lisa hat 2500 € auf dem Sparbuch.	U	Die Bank verzinst das Guthaben von Frau Meier mit 2,6 % im Jahr.	E	Dazu verlangt die Bank noch eine Bearbeitungsgebühr von 35 €.	G	Wieviel Geld verdient die Bank an den beiden in einem Jahr?	N	255 €
6 N	Firma Besser braucht für Löhne an die Mitarbeiter schnell 10.390 €.	B	Seine Bank verlangt 15,6 % Jahreszinsen ohne Nebenkosten.	E	Für den Kredit über den ganzen Betrag zahlt sie 765 € Zinsen im Jahr.	B	Wie hoch war das Guthaben Anfang letzten Jahres?	E	3,4 %
7 K	Für 12 Tage hat Greta ihr Konto überzogen für ein neues Moped.	1 Ä	Bei Barzahlung gibt der Händler 5 % Rabatt auf den Listenpreis.	R	Oder Sie zahlen nur 5,7 % plus 22,75 € Bearbeitungsgebühr.	S	Wie hoch sind die Gesamtkosten für den Überziehungskredit?	A	43,10 €
8 R	Angebot einer Bank: Sie brauchen Geld? Bei uns können Sie wählen:	I	Sie muss 18 % Jahreszins für die Überziehung von 1350 € zahlen.	W	Herr Müller kann den Kredit schon nach 4 Monaten zurückzahlen.	N	Wie hoch ist der Zinssatz, den die Bank Frau Schmidt berechnet?	D	83,20 €

D _ _   _ _ _ _ _   Ä _ _ _ _   _ _ _   Z _ ,   _ _ _ _   _ _   E _ _ _   _ _ _ _   A _ _ _ _   _ _ _

① ② ③   ④ ⑤ ⑥ ⑦ ⑧   ① ② ③ ④ ⑤   ⑥ ⑦ ⑧   ① ②   ③ ④ ⑤ ⑥   ⑦ ⑧   ① ② ③ ④   ⑤ ⑥ ⑦ ⑧   ① ② ③ ④ ⑤   ⑥ ⑦ ⑧

TEXTAUFGABEN BILDEN

Lösungssatz: D_____ __________ ______, _____

_____ _____ __________ _____.

KOHL VERLAG MATHE-TRAINING ... zur Wiederholung & Festigung / Klasse 8 – Bestell-Nr. 12 996

Zinsen – Textaufgaben 30**

– LÖSUNG –

Text 1	Text 2	Text 3	Frage	Ergebnis
1 D Hans möchte ein neues Rennrad. Der Listenpreis ist 1395 €.	6 S Als Geld eingenommen wird, braucht die Firma Kredit nur für 20 Tage.	2 T Außerdem zahlt die Bank Frau Meier eine Treueprämie von 50 €.	8 T Ab welcher Kreditsumme ist das 5,7 %-Angebot günstiger?	6 H 9 %
2 E Frau Meiers Bankguthaben hat sich letztes Jahr um 685,05 € erhöht.	4 E Sie hat aber einen Jahreswagen mit 25 % Rabatt gekauft.	1 Z Er hat 525 €, braucht für den Rest einen Kredit mit 9% Jahreszinsen.	6 E Wie hoch ist der Jahreszinssatz für diesen 20-tägigen Kredit?	2 N 24 425 €
3 R Herr Müller braucht kurzfristig 1600 €.	8 T Entweder zahlen Sie 7 % Zinsen ohne weitere Nebenkosten.	5 I Anna zahlt 12 % Zinsen. Lisas Guthaben wird nur mit 1,8 % verzinst.	3 E Wie hoch sind dann die Zinsen für ihn?	1 A 72,02 €
4 B Frau Schmidts Auto hätte als Neuwagen 30.000 € gekostet.	5 R Lisas Freundin Anna hat sich bei der gleichen Bank 2500 € geliehen.	6 L An die Bank zahlt Firma Besser 54,45 € Zinsen.	1 E Wie viele Euro Zinsen muss Hans in einem Jahr zahlen?	8 T 1751 €
5 A Lisa hat 2500 € auf dem Sparbuch.	2 U Die Bank verzinst das Guthaben von Frau Meier mit 2,6 % im Jahr.	7 E Dazu verlangt die Bank noch eine Bearbeitungsgebühr von 35 €.	5 G Wieviel Geld verdient die Bank an den beiden in einem Jahr?	5 N 255 €
6 N Firma Besser braucht für Löhne an die Mitarbeiter schnell 10.890 €.	3 B Seine Bank verlangt 15,6 % Jahreszinsen ohne Nebenkosten.	4 E Für den Kredit über den ganzen Betrag zahlt sie 765 € Zinsen im Jahr.	2 B Wie hoch war das Guthaben Anfang letzten Jahres?	4 E 3,4 %
7 K Für 12 Tage hat Greta ihr Konto überzogen für ein neues Moped.	1 Ä Bei Barzahlung gibt der Händler 5 % Rabatt auf den Listenpreis.	8 R Oder Sie zahlen nur 5,7 % plus 22,75 € Bearbeitungsgebühr.	7 S Wie hoch sind die Gesamtkosten für den Überziehungskredit?	7 A 43,10 €
8 R Angebot einer Bank: Sie brauchen Geld? Bei uns können Sie wählen:	7 I Sie muss 18 % Jahreszins für die Überziehung von 1350 € zahlen.	3 W Herr Müller kann den Kredit schon nach 4 Monaten zurückzahlen.	4 N Wie hoch ist der Zinssatz, den die Bank Frau Schmidt berechnet?	3 D 83,20 €

DER BANKR ÄUBER SIT ZT, WEIL ER EBEN GEST ANDEN HAT

Lösungssatz: Der Bankräuber sitzt, weil er eben gestanden hat.

TEXTAUFGABEN BILDEN

Relative Häufigkeit – Verkehrszählung

Bei einer Verkehrszählung wurden 2730 Fahrzeuge gezählt.
Berechne die Relative Häufigkeit der einzelnen Autotypen, runde auf 2 Stellen und male alle Felder mit den Ergebnissen mit einer Farbe an.

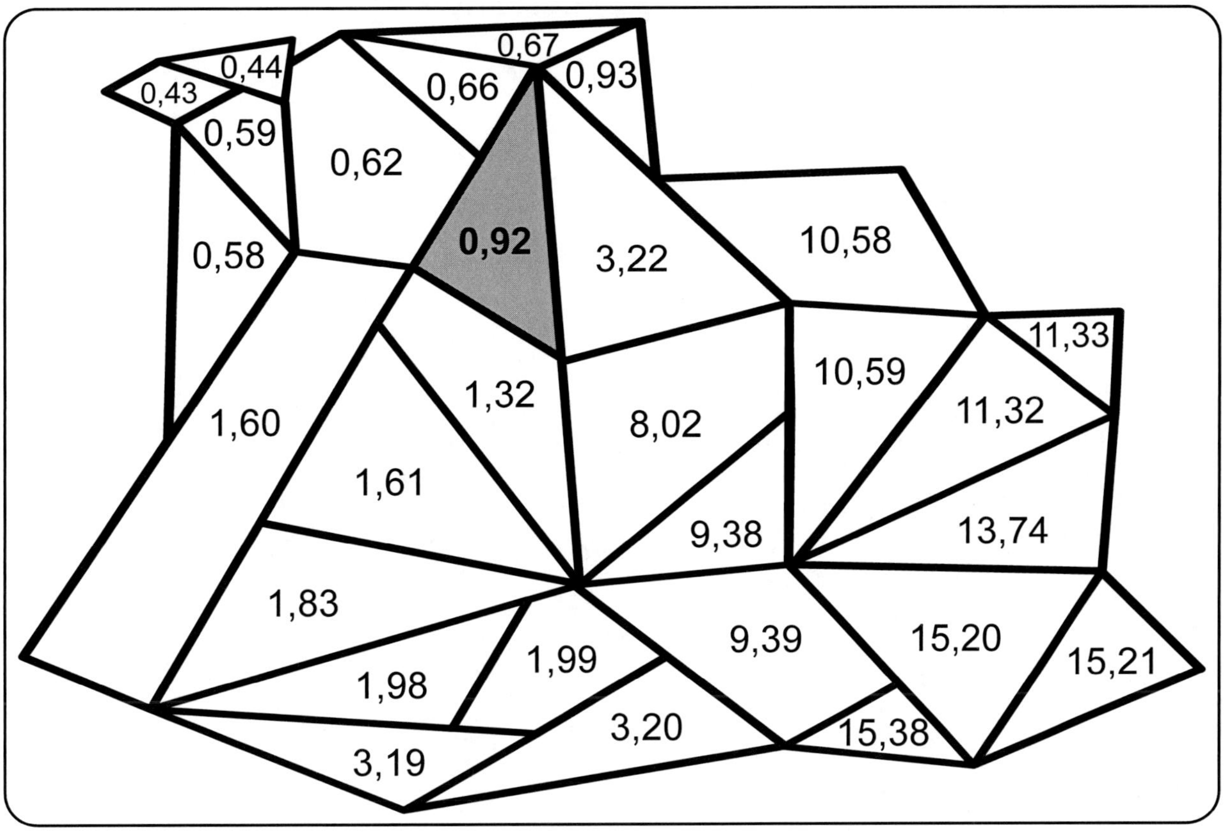

Anzahl	Ergebnis (%)
25 LKWs →	**0,92**
18 rote PKWs →	
36 schwarze PKWs →	
50 gelbe PKWs →	
256 silberne PKWs →	
44 Taxis →	
17 Müllwagen →	
12 Kleinbusse →	
289 Motorräder →	

Anzahl	Ergebnis (%)
88 Fahrräder →	
420 weiße PKWs →	
219 blaue PKWs →	
87 grüne PKWs →	
16 Postautos →	
54 große Busse →	
415 Mofas →	
375 graue PKWs →	
309 Sonstige →	

AUSMALEN

KOHL VERLAG
MATHE-TRAINING ... zur Wiederholung & Festigung / Klasse 8 – Bestell-Nr. 12 996

Relative Häufigkeit – Verkehrszählung

– LÖSUNG –

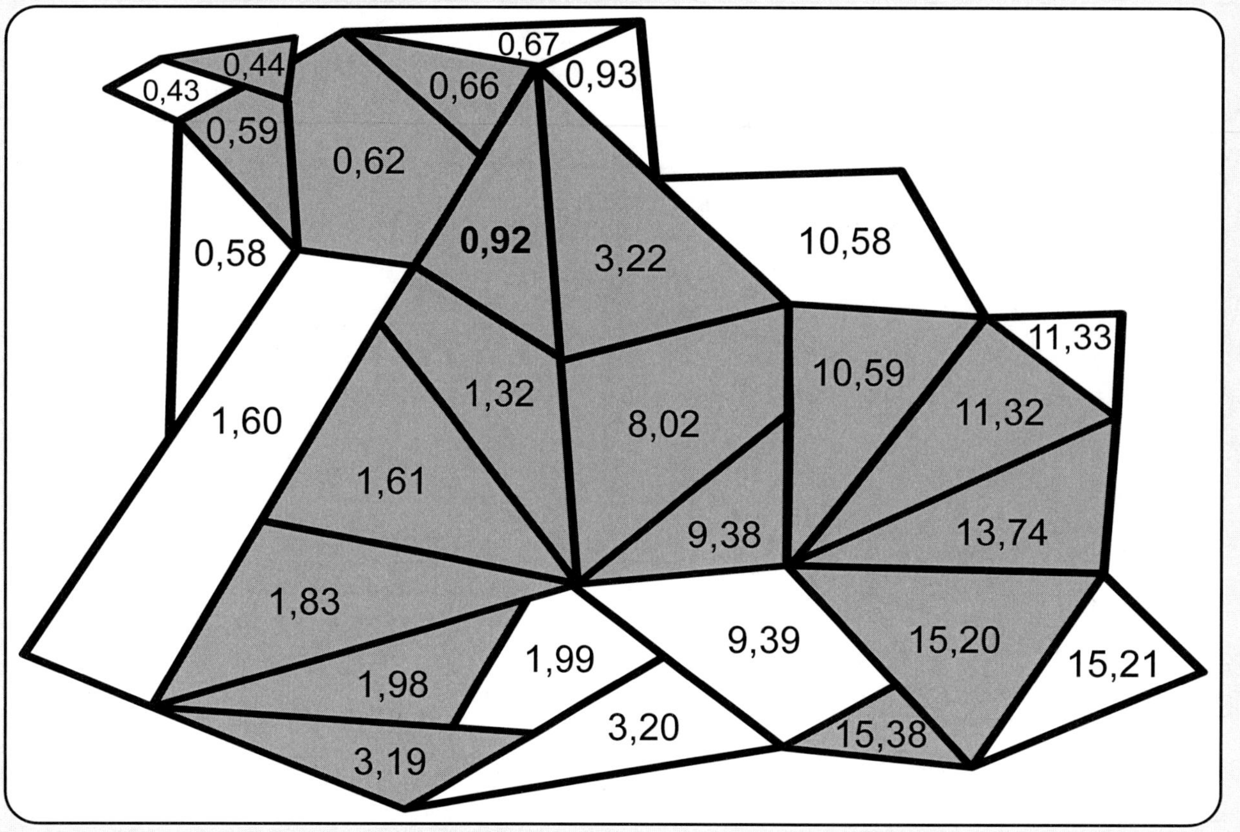

Anzahl	Ergebnis (%)
25 LKWs →	**0,92**
18 rote PKWs →	**0,66**
36 schwarze PKWs →	**1,32**
50 gelbe PKWs →	**1,83**
256 silberne PKWs →	**9,38**
44 Taxis →	**1,61**
17 Müllwagen →	**0,62**
12 Kleinbusse →	**0,44**
289 Motorräder →	**10,59**

Anzahl	Ergebnis (%)
88 Fahrräder →	**3,22**
420 weiße PKWs →	**15,38**
219 blaue PKWs →	**8,02**
87 grüne PKWs →	**3,19**
16 Postautos →	**0,59**
54 große Busse →	**1,98**
415 Mofas →	**15,20**
375 graue PKWs →	**13,74**
309 Sonstige →	**11,32**

AUSMALEN

MATHE-TRAINING ... zur Wiederholung & Festigung / Klasse 8 – Bestell-Nr. 12 996
KOHL VERLAG

Relative Häufigkeit – Nationalitäten

In NRW gab es Ende 2020 unter den Einwohnern insgesamt 2.473.729 Ausländer. Berechne die Relative Häufigkeit der einzelnen Nationen, runde auf 2 Stellen und male alle Felder mit den Ergebnissen mit einer Farbe an.

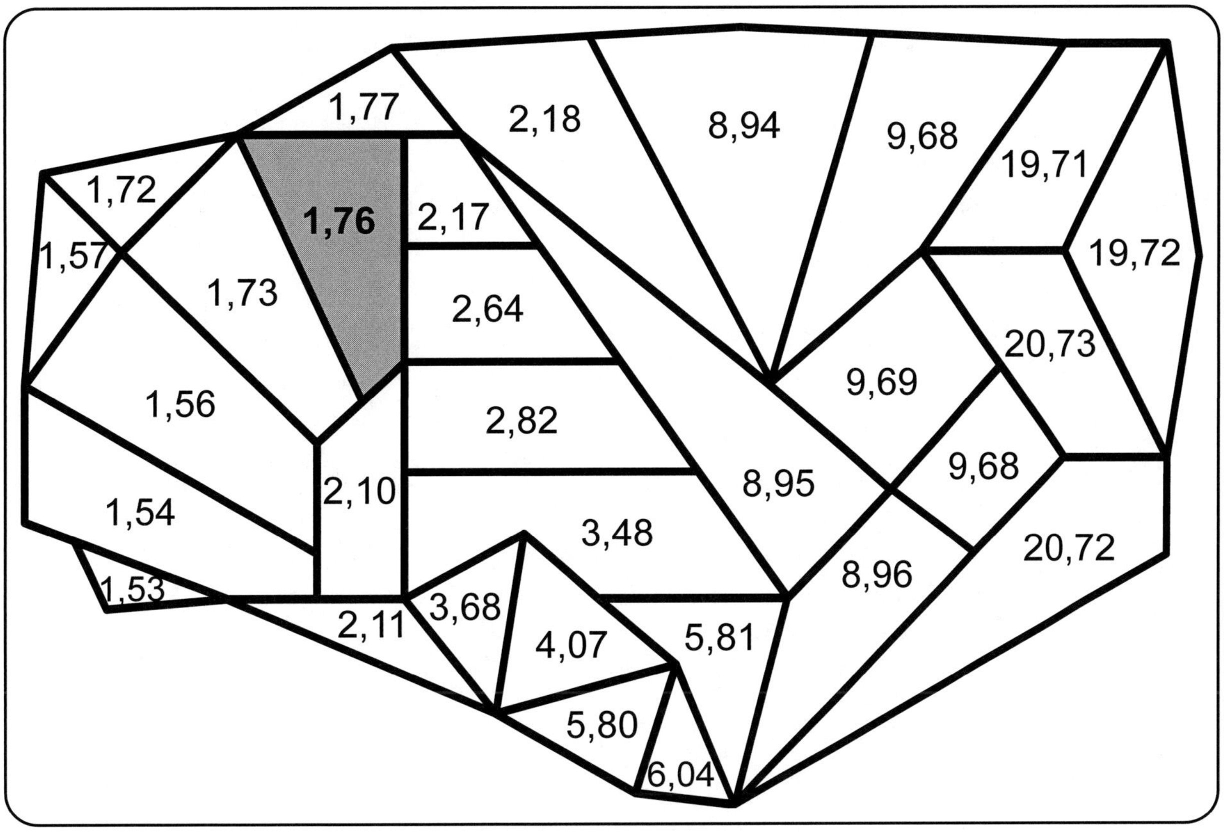

Herkunftsland	Anzahl	Ergebnis (%)
Afghanistan	43.580 →	**1,76**
Bosnien und Herzegowina	42.870 →	
Bulgarien	90.975 →	
Griechenland	100.755 →	
Italien	143.415 →	
Irak	86.145 →	
Marokko	38.113 →	
Niederlande	69.745 →	
Nord-mazedonien	38.710 →	

Herkunftsland	Anzahl	Ergebnis (%)
Polen	221.355 →	
Portugal	37.880 →	
Rumänien	149.395 →	
Russland	53.795 →	
Serbien	65.215 →	
Spanien	51.850 →	
Syrien	239.660 →	
Türkei	487.470 →	
Sonstige	512.801 →	

Relative Häufigkeit – Nationalitäten

– LÖSUNG –

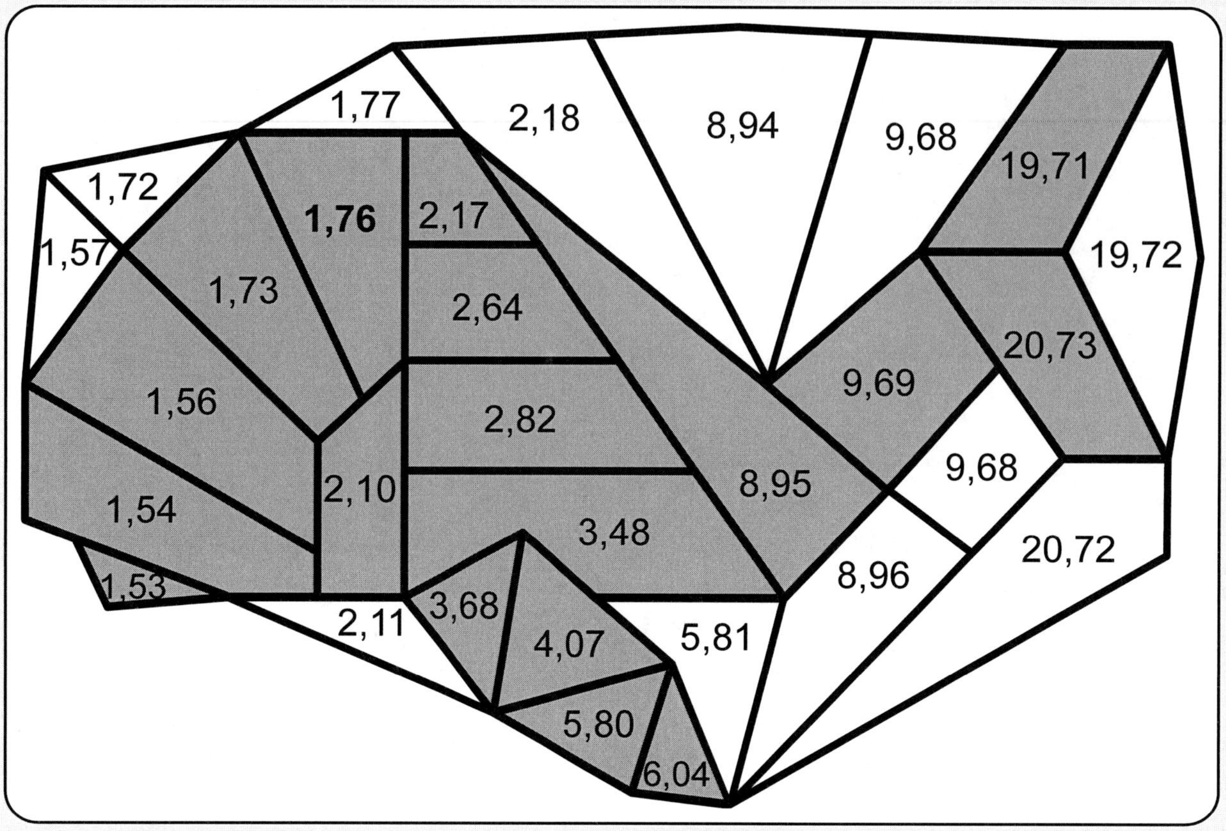

Herkunftsland	Anzahl	Ergebnis (%)
Afghanistan	43.580 →	**1,76**
Bosnien und Herzegowina	42.870 →	**1,73**
Bulgarien	90.975 →	**3,68**
Griechenland	100.755 →	**4,07**
Italien	143.415 →	**5,80**
Irak	86.145 →	**3,48**
Marokko	38.113 →	**1,54**
Niederlande	69.745 →	**2,82**
Nordmazedonien	38.710 →	**1,56**

Herkunftsland	Anzahl	Ergebnis (%)
Polen	221.355 →	**8,95**
Portugal	37.880 →	**1,53**
Rumänien	149.395 →	**6,04**
Russland	53.795 →	**2,17**
Serbien	65.215 →	**2,64**
Spanien	51.850 →	**2,10**
Syrien	239.660 →	**9,69**
Türkei	487.470 →	**19,71**
Sonstige	512.801 →	**20,73**

AUSMALEN

KOHL VERLAG
MATHE-TRAINING ... zur Wiederholung & Festigung / Klasse 8 – Bestell-Nr. 12 996

Relative Häufigkeit – Urlaubsziele

50.585.830 Deutsche haben für das Jahr 2019 die unten stehenden Urlaubsziele ausgesucht. Berechne die Relative Häufigkeit der einzelnen Urlaubsziele, runde auf 2 Stellen und male alle Felder mit den Ergebnissen mit einer Farbe an.

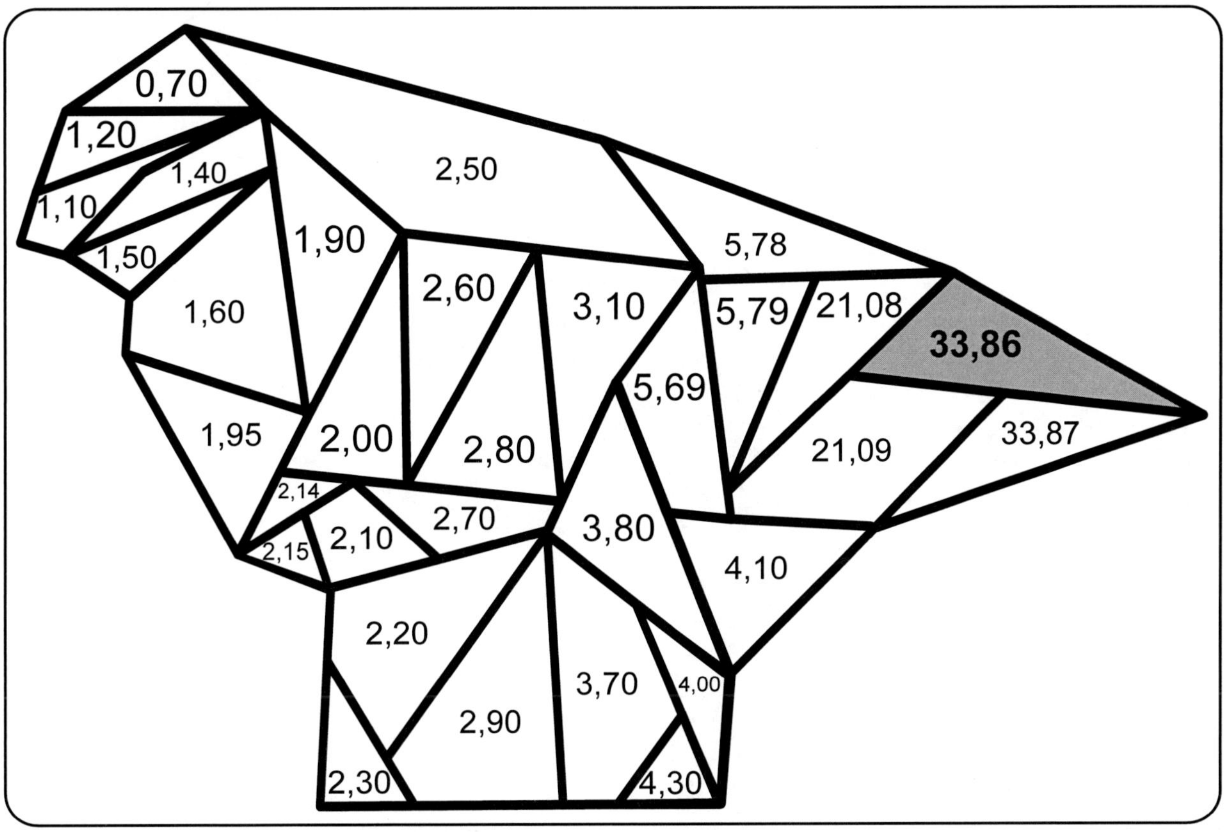

Urlaubsziel	Anzahl	Ergebnis (%)
Deutschland	17.129.670 →	**33,86**
Spanien	2.930.740 →	
Österreich	2.880.210 →	
Dom. Rep.	2.173.850 →	
Italien	2.021.200 →	
Skandinavien	1.920.140 →	
Benelux	1.566.430 →	
Griechenland	1.414.840 →	
Polen	1.313.780 →	

Urlaubsziel	Anzahl	Ergebnis (%)
Türkei	1.087.850 →	
Seychellen	1.084.800 →	
Kroatien	1.010.600 →	
USA-Florida	961.130 →	
Frankreich	757.950 →	
Sri Lanka	707.420 →	
Malediven	606.360 →	
Thailand	353.710 →	
noch nicht entschieden	10.663.640 →	

Relative Häufigkeit – Urlaubsziele

33**

– LÖSUNG –

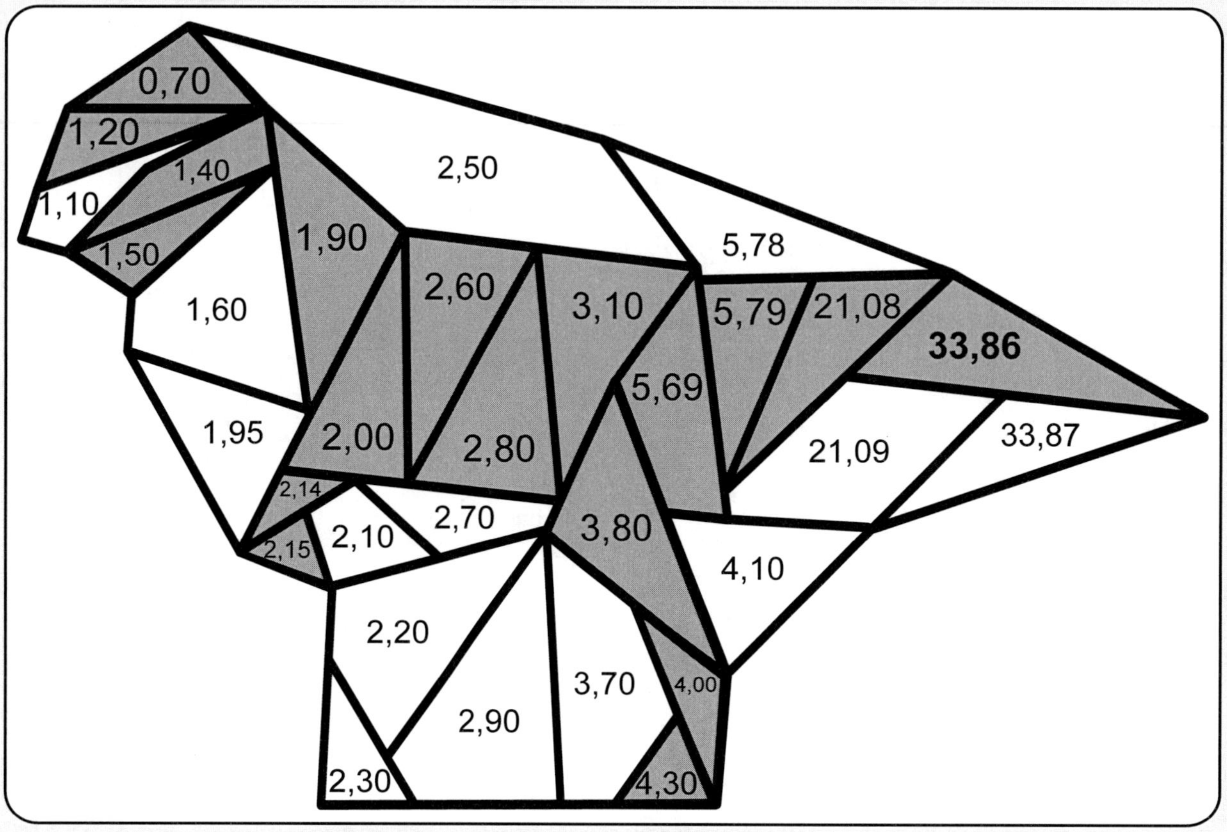

Urlaubsziel	Anzahl	Ergebnis (%)
Deutschland	17.129.670 →	**33,86**
Spanien	2.930.740 →	**5,79**
Österreich	2.880.210 →	**5,69**
Dom. Rep.	2.173.850 →	**4,30**
Italien	2.021.200 →	**4,00**
Skandinavien	1.920.140 →	**3,80**
Benelux	1.566.430 →	**3,10**
Griechenland	1.414.840 →	**2,80**
Polen	1.313.780 →	**2,60**

Urlaubsziel	Anzahl	Ergebnis (%)
Türkei	1.087.850 →	**2,15**
Seychellen	1.084.800 →	**2,14**
Kroatien	1.010.600 →	**2,00**
USA-Florida	961.130 →	**1,90**
Frankreich	757.950 →	**1,50**
Sri Lanka	707.420 →	**1,40**
Malediven	606.360 →	**1,20**
Thailand	353.710 →	**0,70**
noch nicht entschieden	10.663.640 →	**21,08**

AUSMALEN

Arithmetisches Mittel

Berechne den Mittelwert und verbinde die Punkte bei den Ergebniszahlen in der Reihenfolge der Aufgaben.

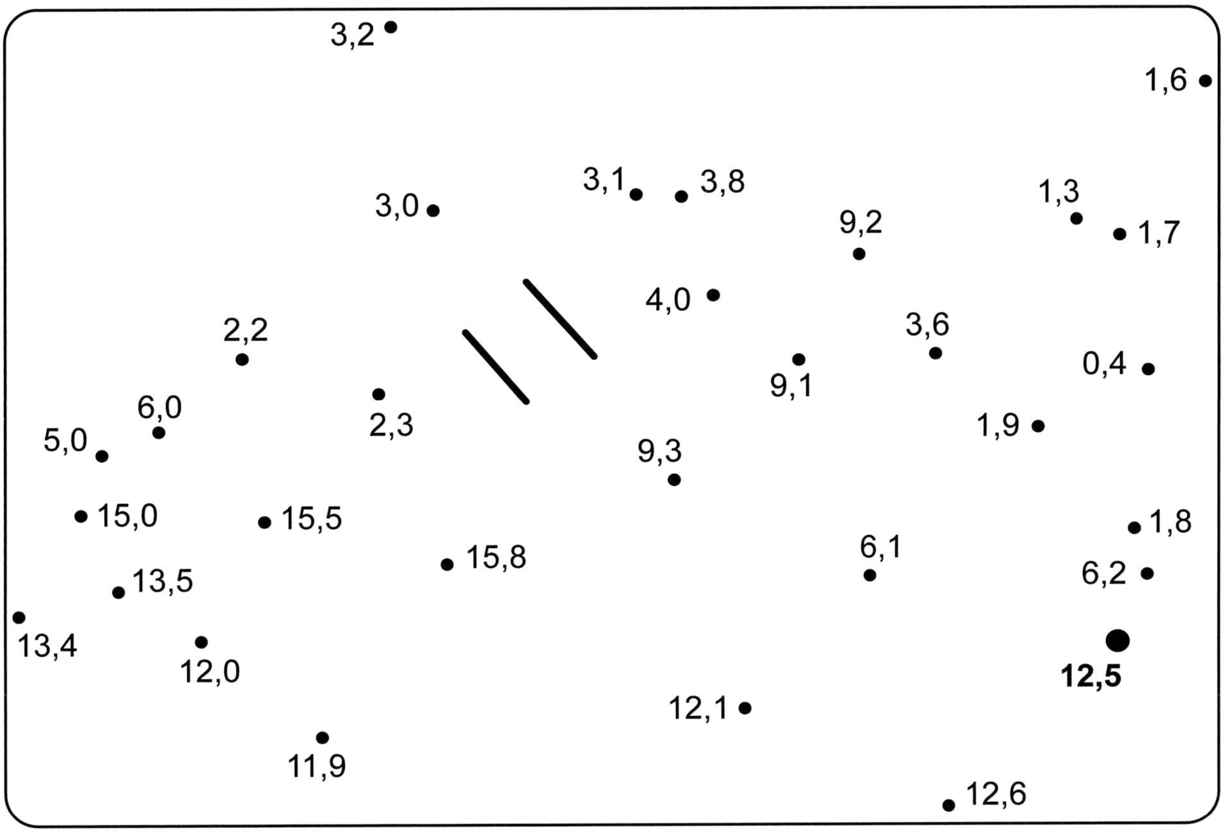

Einzelwerte	Mittelwert
5,0 | 20,0	**12,5**
18,0 | 6,0	
13,0 | 14,0	
19,0 | 11,0	
6,0 | 8,0 | 1,0	
2,0 | 9,0 | 7,0	
4,0 | 0,6	
5,3 | 0,9	
5,8 | 1,8	

Einzelwerte	Mittelwert
1,9 | 6,1	
9,5 | 8,7	
4,0 | 3,2	
0,1 | 0,5 | 3,3	
1,8 | 2,3 | 1,0	
0,2 | 0,8 | 0,2	
1,8 | 0,9 | 2,7	
1,7 | 8,6 | 8,3	
16,4 | 8,6	

MATHE-TRAINING ... zur Wiederholung & Festigung / Klasse 8 – Bestell-Nr. 12 996
KOHL VERLAG

– LÖSUNG –

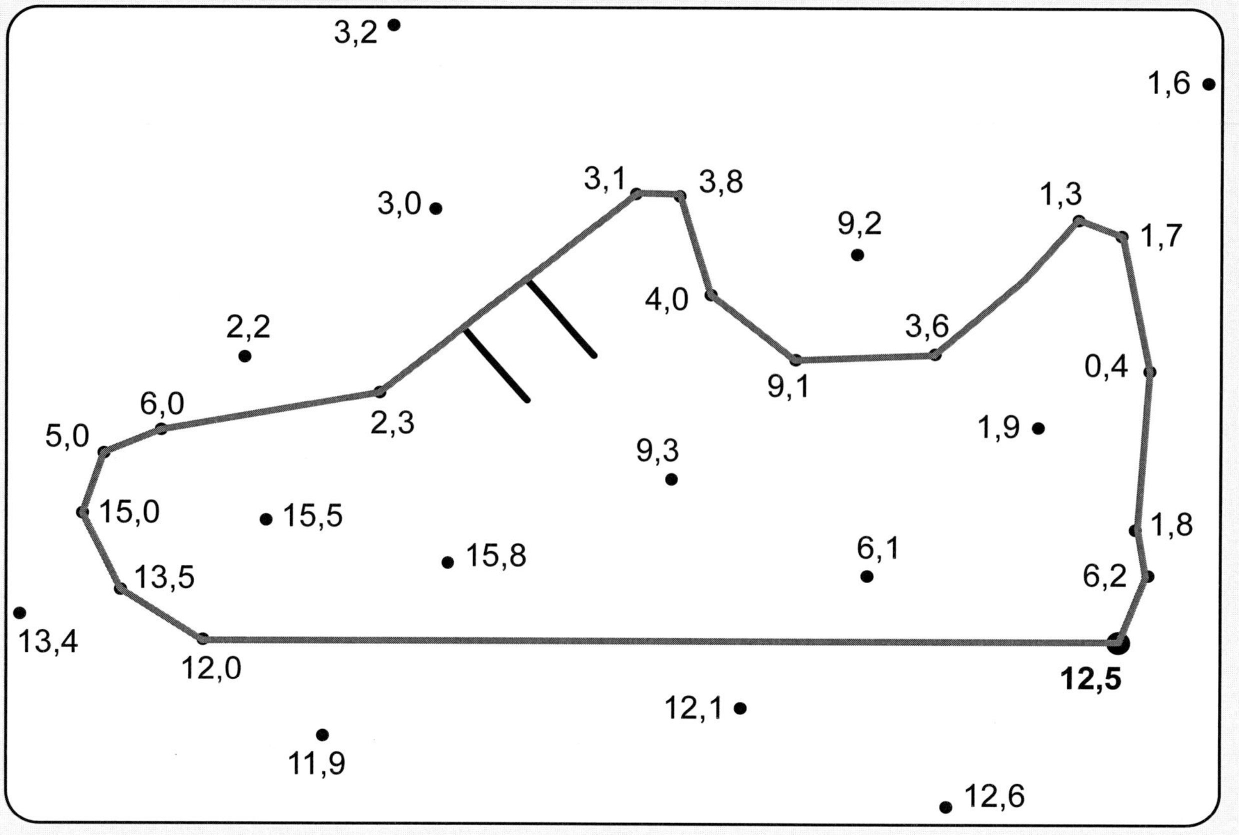

Einzelwerte	Mittelwert
5,0 | 20,0	**12,5**
18,0 | 6,0	**12,0**
13,0 | 14,0	**13,5**
19,0 | 11,0	**15,0**
6,0 | 8,0 | 1,0	**5,0**
2,0 | 9,0 | 7,0	**6,0**
4,0 | 0,6	**2,3**
5,3 | 0,9	**3,1**
5,8 | 1,8	**3,8**

Einzelwerte	Mittelwert
1,9 | 6,1	**4,0**
9,5 | 8,7	**9,1**
4,0 | 3,2	**3,6**
0,1 | 0,5 | 3,3	**1,3**
1,8 | 2,3 | 1,0	**1,7**
0,2 | 0,8 | 0,2	**0,4**
1,8 | 0,9 | 2,7	**1,8**
1,7 | 8,6 | 8,3	**6,2**
16,4 | 8,6	**12,5**

BILD AUS PUNKTEN

MATHE-TRAINING ... zur Wiederholung & Festigung / Klasse 8 – Bestell-Nr. 12 996
KOHL VERLAG

Arithmetisches Mittel

35*

Berechne den Mittelwert und verbinde die Punkte bei den Ergebniszahlen in der Reihenfolge der Aufgaben.

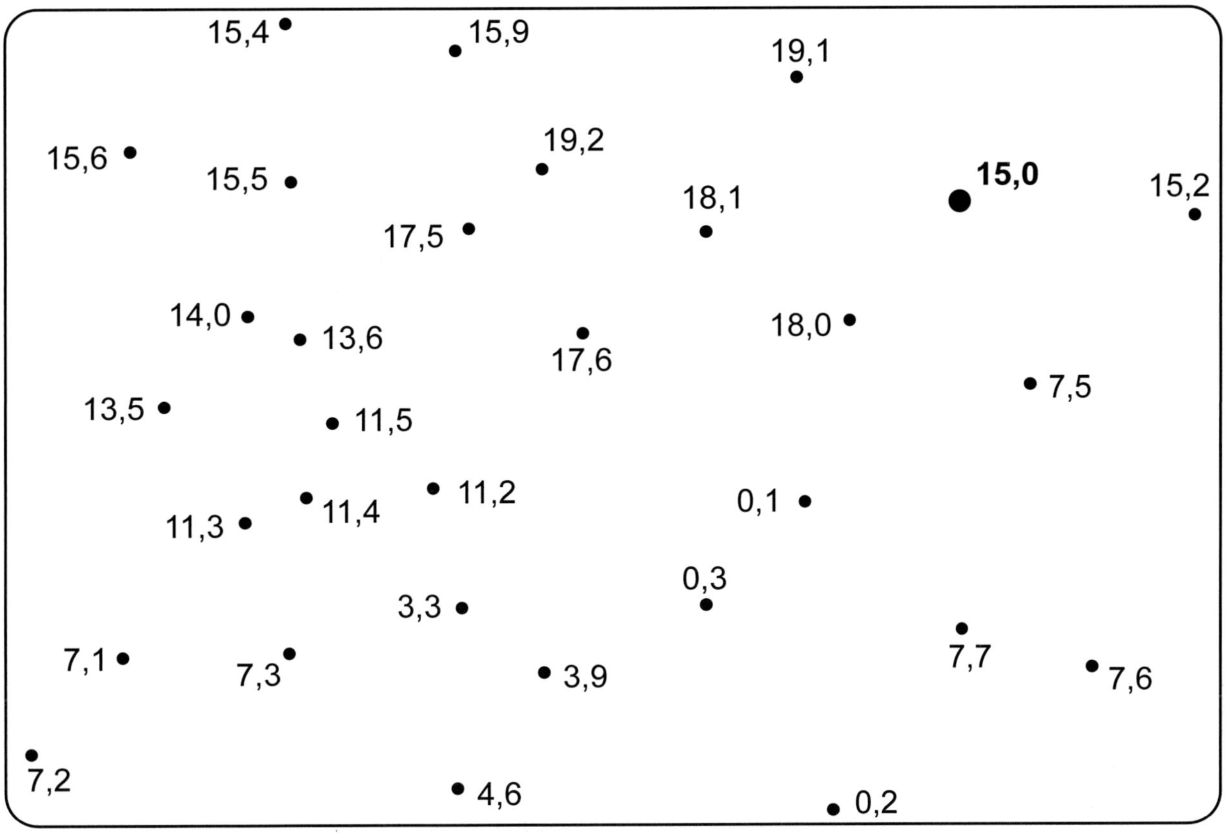

Einzelwerte	Mittelwert
10,0 | 20,0 | 2,0 | 28,0	**15,0**
0,8 | 0,8 | 0,8 | 70,0	
17,8 | 17,7 | 17,3 | 17,2	
76,8 | 0,0 | 0,0 | 0,0	
22,7 | 12,7 | 2,4 | 25,8	
0,3 | 20,4 | 10,8 | 30,5	
20,5 | 12,5 | 6,5 | 16,5	
8,0 | 18,0 | 19,2 | 9,2	
4,5 | 3,7 | 18,3 | 19,5	

Einzelwerte	Mittelwert
20,7 | 20,7 | 3,8 | 0,4	
18,8 | 7,7 | 8,8 | 9,9	
5,9 | 8,7 | 7,2 | 7,4	
2,8 | 3,1 | 5,5 | 7,2 | 4,4	
6,3 | 9,9 | 2,0 | 0,9 | 0,4	
1,1 | 2,2 | 3,3 | 4,4 | 5,5	
0,1 | 0,2 | 0,3 | 0,4 | 0,5	
9,9 | 5,5 | 6,6 | 7,7 | 8,8	
14,8 | 17,9 | 9,7 | 18,3 | 14,3	

BILD AUS PUNKTEN

MATHE-TRAINING ... zur Wiederholung & Festigung / Klasse 8 – Bestell-Nr. 12 996
KOHL VERLAG

Arithmetisches Mittel

– LÖSUNG –

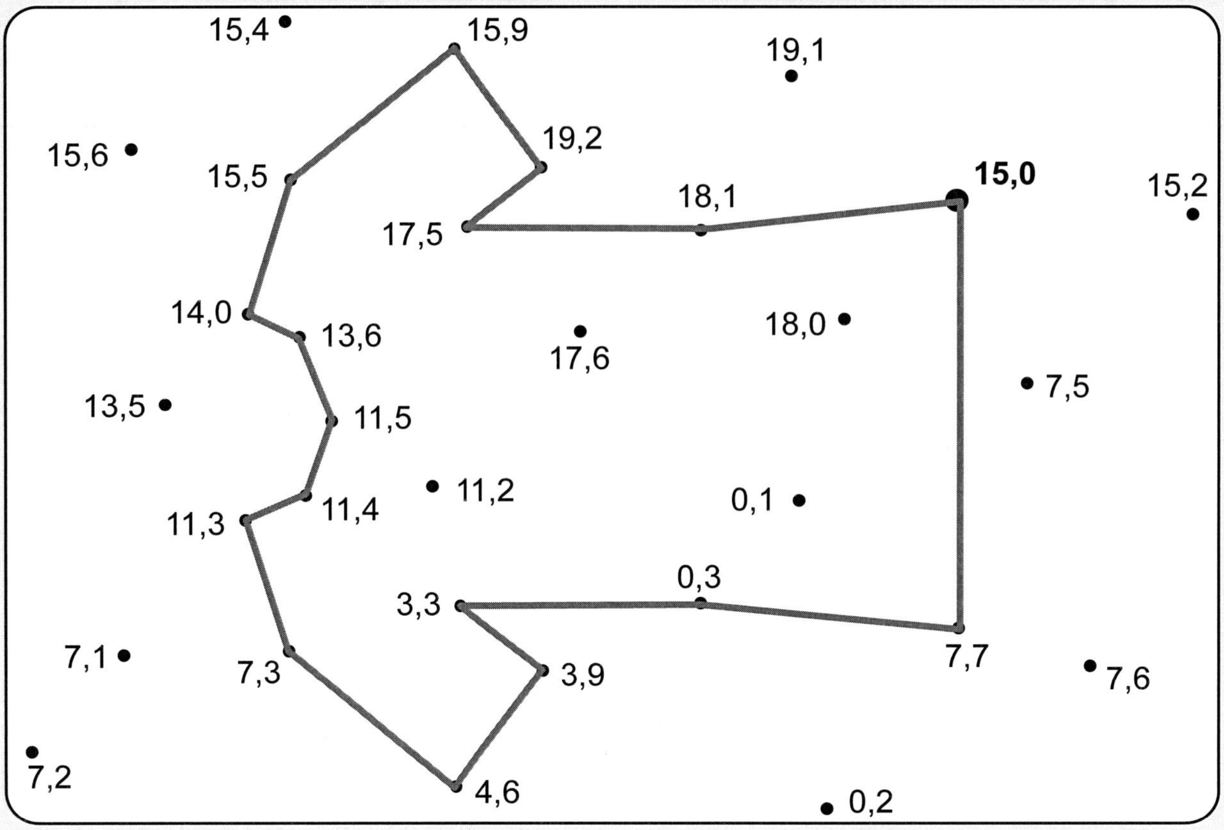

Einzelwerte	Mittelwert
10,0 | 20,0 | 2,0 | 28,0	**15,0**
0,8 | 0,8 | 0,8 | 70,0	**18,1**
17,8 | 17,7 | 17,3 | 17,2	**17,5**
76,8 | 0,0 | 0,0 | 0,0	**19,2**
22,7 | 12,7 | 2,4 | 25,8	**15,9**
0,3 | 20,4 | 10,8 | 30,5	**15,5**
20,5 | 12,5 | 6,5 | 16,5	**14,0**
8,0 | 18,0 | 19,2 | 9,2	**13,6**
4,5 | 3,7 | 18,3 | 19,5	**11,5**

Einzelwerte	Mittelwert
20,7 | 20,7 | 3,8 | 0,4	**11,4**
18,8 | 7,7 | 8,8 | 9,9	**11,3**
5,9 | 8,7 | 7,2 | 7,4	**7,3**
2,8 | 3,1 | 5,5 | 7,2 | 4,4	**4,6**
6,3 | 9,9 | 2,0 | 0,9 | 0,4	**3,9**
1,1 | 2,2 | 3,3 | 4,4 | 5,5	**3,3**
0,1 | 0,2 | 0,3 | 0,4 | 0,5	**0,3**
9,9 | 5,5 | 6,6 | 7,7 | 8,8	**7,7**
14,8 | 17,9 | 9,7 | 18,3 | 14,3	**15,0**

KOHL VERLAG MATHE-TRAINING ... zur Wiederholung & Festigung / Klasse 8 – Bestell-Nr. 12 996

Arithmetisches Mittel

Temperaturen an 4 Wintertagen! Berechne immer die Durchschnittstemperatur und verbinde die Punkte bei den Ergebniszahlen in der Reihenfolge der Aufgaben.

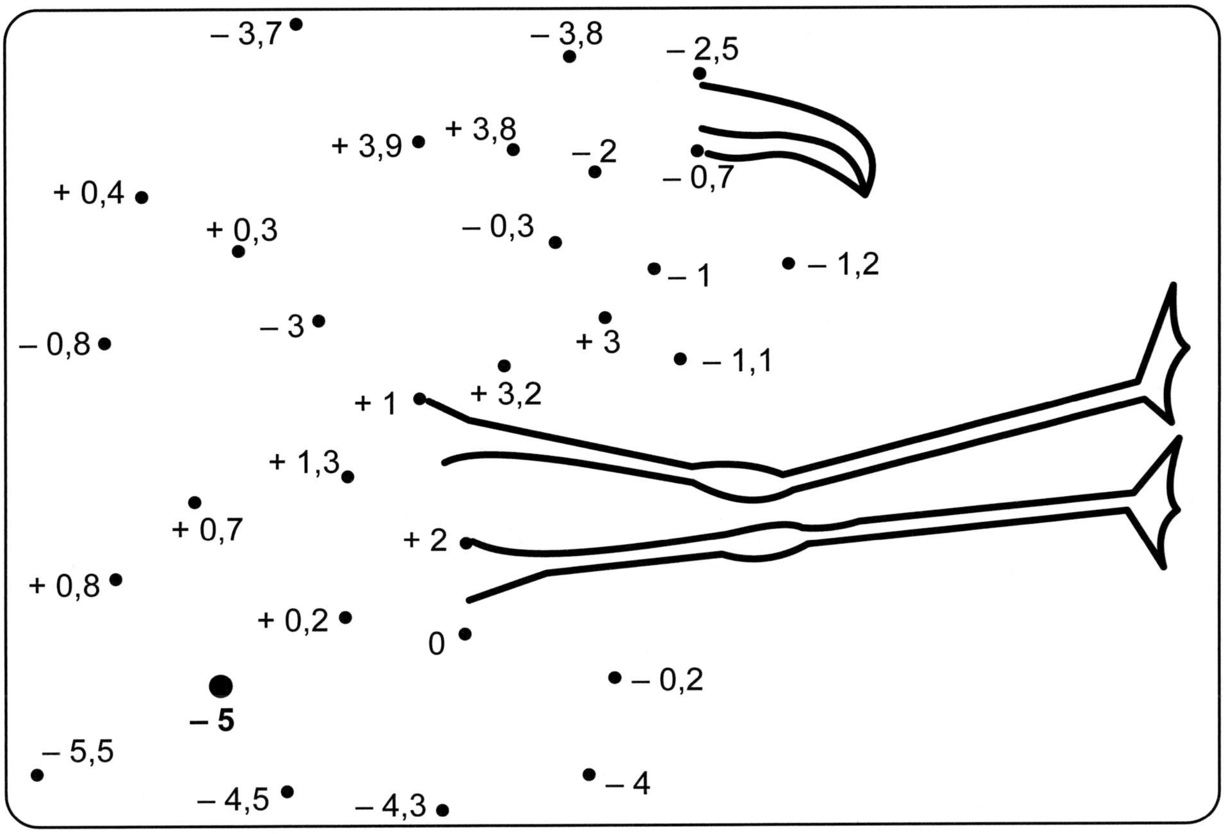

Einzeltemperaturen (°C)	Durchschnittswert (°C)
– 7 | + 2 | – 7 | – 8	**– 5**
– 3 | – 4 | – 6 | – 3	
+ 9 | + 5 | – 5 | – 9	
+ 7 | + 4 | 0 | – 3	
+ 10 | + 2 | – 2 | – 6	
– 3 | – 2 | – 2 | – 5	
+ 5 | + 2 | + 2 | + 3	
– 10 | – 2 | + 2 | + 6	
– 7 | – 4 | 0 | + 3	

Einzeltemperaturen (°C)	Durchschnittswert (°C)
+ 2,4 | – 2,6 | – 1,9 | – 0,7	
– 8,2 | + 2,5 | + 2,5 | – 6,8	
– 8,3 | + 2,5 | – 2,5 | – 6,9	
+ 8,3 | – 2,5 | + 2,5 | + 6,9	
+ 0,5 | 0,0 | – 0,5 | – 1,2	
– 0,5 | 0,0 | + 0,5 | + 1,2	
0,0 | – 0,5 | – 1,2 | – 1,5	
0,0 | + 0,5 | + 1,2 | + 1,5	
– 6,5 | – 3,7 | – 5,5 | – 4,3	

BILD AUS PUNKTEN

KOHL VERLAG – MATHE-TRAINING ... zur Wiederholung & Festigung / Klasse 8 – Bestell-Nr. 12 996

Arithmetisches Mittel

– LÖSUNG –

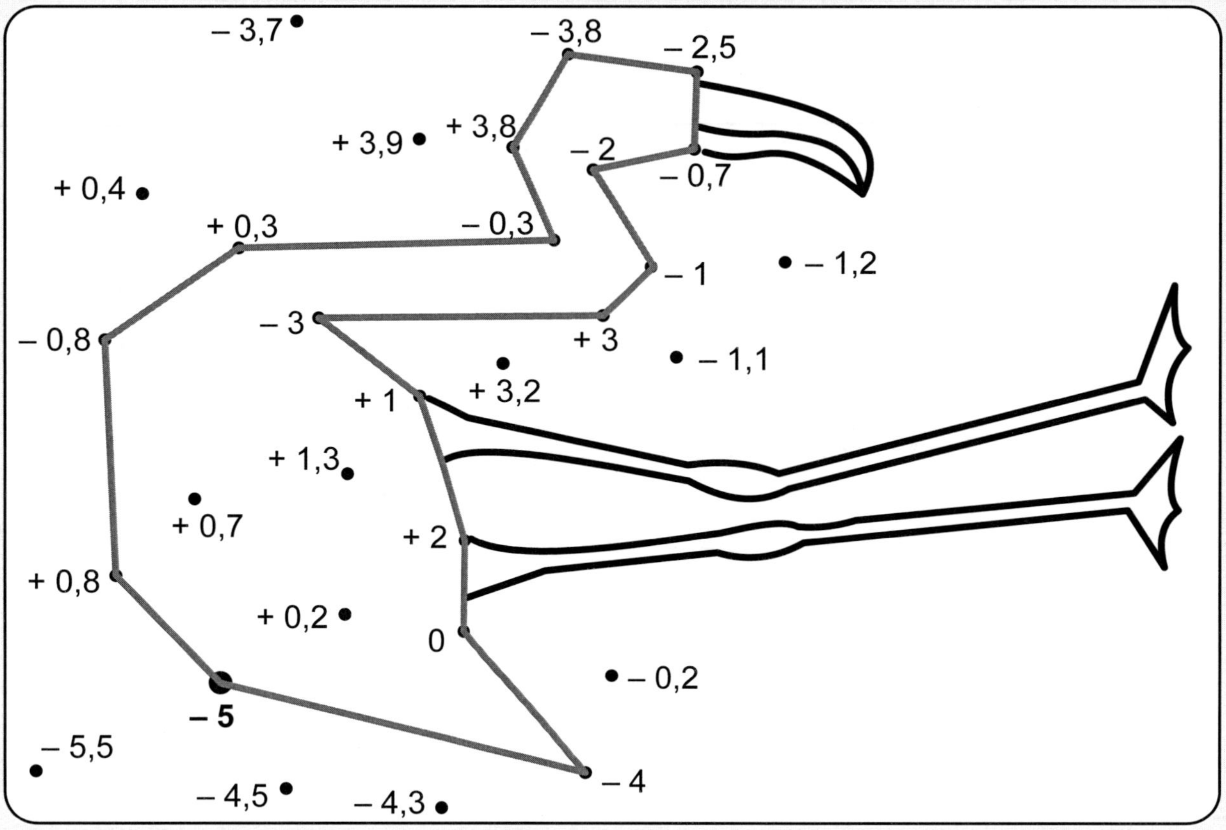

Einzeltemperaturen (°C)	Durch-schnittswert (°C)
– 7 | + 2 | – 7 | – 8	**– 5**
– 3 | – 4 | – 6 | – 3	**– 4**
+ 9 | + 5 | – 5 | – 9	**0**
+ 7 | + 4 | 0 | – 3	**+ 2**
+ 10 | + 2 | – 2 | – 6	**+ 1**
– 3 | – 2 | – 2 | – 5	**– 3**
+ 5 | + 2 | + 2 | + 3	**+ 3**
– 10 | – 2 | + 2 | + 6	**– 1**
– 7 | – 4 | 0 | + 3	**– 2**

Einzeltemperaturen (°C)	Durch-schnittswert (°C)
+ 2,4 | – 2,6 | – 1,9 | – 0,7	**– 0,7**
– 8,2 | + 2,5 | + 2,5 | – 6,8	**– 2,5**
– 8,3 | + 2,5 | – 2,5 | – 6,9	**– 3,8**
+ 8,3 | – 2,5 | + 2,5 | + 6,9	**+ 3,8**
+ 0,5 | 0,0 | – 0,5 | – 1,2	**– 0,3**
– 0,5 | 0,0 | + 0,5 | + 1,2	**+ 0,3**
0,0 | – 0,5 | – 1,2 | – 1,5	**– 0,8**
0,0 | + 0,5 | + 1,2 | + 1,5	**+ 0,8**
– 6,5 | – 3,7 | – 5,5 | – 4,3	**– 5**

KOHL VERLAG
MATHE-TRAINING ... zur Wiederholung & Festigung / Klasse 8 – Bestell-Nr. 12 996

Umfang und Inhalt von Drei- und Vierecken

Löse die Aufgaben, folge den Pfeilen mit den richtigen Ergebnissen, markiere den Weg (Bleistift), trage im Lösungssatz die Silben entlang des Wegs ein.

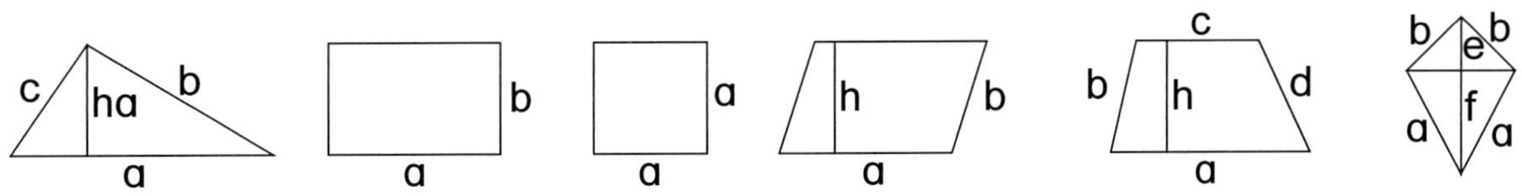

Start

Spalte 1	→	Spalte 2	→	Spalte 3	→	Spalte 4
a = 16 cm ha = 3 cm, A = ? **DIE**	19 cm² →	a = 5 cm u = ? **SO**	10 cm →	a = 7 cm b = 2 cm, A = ? **AUF**	14 cm² →	a = 2cm, b = 3cm c = 3cm, u = ? **SEN**
↓ 24 cm²	↗ 24 cm	↓ 20 cm		↓ 18 cm²	↗ 2 cm²	↓ 8 cm
a = 8 cm b = 4 cm, u = ? **PER**	14 cm →	b = 7 cm h_b = 4 cm, A = ? **NEN**	← 4 cm²	e = 2 cm f = 2 cm, A = ? **WIS**	← 8 cm²	c = 4 cm h_c = 2 cm, A = ? **IM**
↓ 12 cm	↙ 14 cm²	↓ 28 cm²		↑ 9 cm²		↓ 4 cm²
a = 4 cm b = 3 cm, u = ? **NICHT**	← 16 cm²	a = 3cm, c = 5cm h = 4cm, A = ? **DIE**	12 cm² →	a = 3 cm A = ? **REN**	3 cm² →	a = 6 cm b = 3 cm, u = ? **MER**
↓ 14 cm	↘ 7 cm	↓ 20 cm²	↗ 12 cm²	↓ 12 cm²	↙ 18 cm	↓ 9 cm
a = 5 cm b = 4 cm, u = ? **DA**	18 cm →	a = 6 cm b = 2 cm, A = ? **WA**	24 cm² →	a = 4cm, c = 3cm h = 2cm, A = ? **AL**	← 14 cm	a = 1 cm u = ? **BES**
↓ 10 cm	↗ 16 cm	↑ 11 cm	↙ 7 cm²	↓ 9 cm²	↗ 20 cm	↓ 4 cm
a = 5 cm b = 6 cm, u = ? **DA**	22 cm →	a = 4cm, b = 2cm c = 3cm, u = ? **LES**	9 cm →	a = 5 cm b = 5 cm, u = ? **AM**	10 cm →	Ziel **TEN**

Lösungssatz: DIE PER-______-______, ______ ______

______ ______-______, ______-______ ______-______ ______-______

______ ______-______.

IRRGARTEN

MATHE-TRAINING ... zur Wiederholung & Festigung / Klasse 8 – Bestell-Nr. 12 996
KOHL VERLAG

– LÖSUNG –

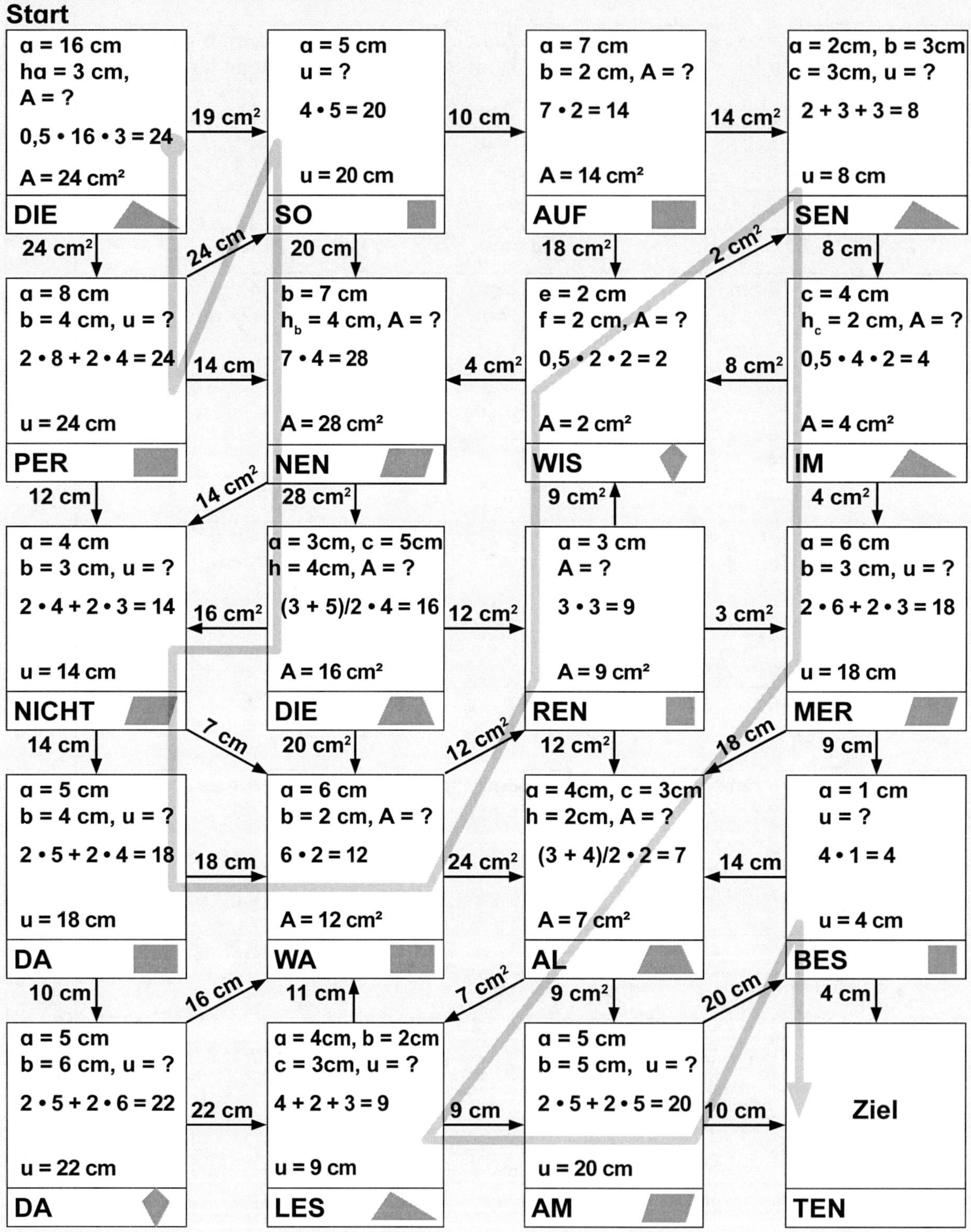

Lösungssatz:

Die Personen, die nicht da waren, wissen immer alles am besten.

IRRGARTEN

MATHE-TRAINING ... zur Wiederholung & Festigung / Klasse 8 – Bestell-Nr. 12 996
KOHL VERLAG

Umfang und Inhalt von Drei- und Vierecken

Löse die Aufgaben, folge den Pfeilen mit den richtigen Ergebnissen, markiere den Weg (Bleistift), trage im Lösungssatz die Silben entlang des Wegs ein.

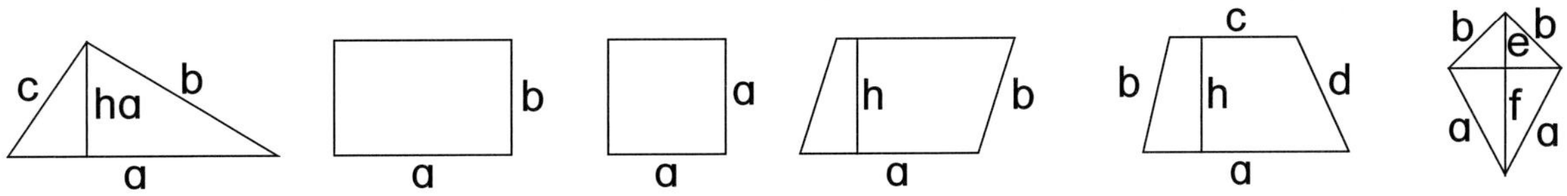

Start

u = 15,4 cm a = 5,5 cm, b = ? **DAS**	4,2 cm →	u = 25,2 cm a = 5,7 cm, b = ? **BALD**	6,9 cm →	u = 22 cm A = ? **NIE**	30,25 cm² →	A = 12,25 cm² a = 3,5 cm, h = ? **WEIßT**
2,2 cm ↓		6,3 cm ↓	↗ 10,2 cm	44 cm² ↓	↙ 4,3 cm	3,5 cm ↓
A = 16,64cm² h = 2,6 cm, a = ? **BLÖ**	4,6 cm →	u=26,9cm, a=8,4cm b=8,3cm, c=? **DU**	← 8,8 cm	A = 25,08 cm² e = 5,7 cm, f = ? **DASS**	4,4 cm →	A = 12,04 cm² b = 2,8 cm, a = ? **WANN**
6,4 cm ↓		12,2 cm ↓		18,27 cm² ↑	↙ 3,4 cm	4,3 cm ↓
A = 23,1 cm² h = 4,4 cm, c = ? **DE**	10,4 cm →	A = 13,64 cm² h = 3,1 cm, a = ? **WAR**	8,8 cm →	u = 18,4 cm a = 6,3 cm, A = ? **IST**	16,4 cm² →	u=20,5cm,b=2,8cm a=10,5cm,c=2,9cm d=? **DU**
10,5 cm ↓		4,4 cm ↓	↗ 84,64 cm²		↙ 4,3 cm	5,3 cm ↓
A=45,36cm² a=12,3cm,b=6,6cm h=? **AM**	2,4 cm →	u = 36,8 cm A = ? **SEIN**	82,1 cm² →	A = 15,91 cm² e = 4,3 cm, f = ? **DA**	6,4 cm →	A=31,5cm², a=8,5cm c=6,5cm, h=? **TIG**
4,8 cm ↓	↗ 2,2 cm	12,4 cm² ↓	↙ 7,4 cm		↗ 36,08 cm²	4,2 cm ↓
u = 28,2cm a = 11,9cm, b = ? **FAUL**	2,1 cm →	u = 19 cm a = 6,4 cm, A = ? **MIT**	19,84 cm² →	u = 25,2 cm a = 4,4 cm, A = ? **FER**	24,6 cm² →	Ziel **BIST**

Lösungssatz: DAS BLÖ-______ ______ ________-________

______, ________ ______ ______ ________, ________ ______

______-______ ________-______ ________.

IRRGARTEN

MATHE-TRAINING ... zur Wiederholung & Festigung / Klasse 8 – Bestell-Nr. 12 996
KOHL VERLAG

– LÖSUNG –

Start

u = 15,4 cm a = 5,5 cm, b = ? 15,4 – 2 • 5,5 = 4,4 4,4 : 2 = 2,2 b = 2,2 cm **DAS**	4,2 cm →	u = 25,2 cm a = 5,7 cm, b = ? 25,2 – 2 • 5,7 = 13,8 13,8 : 2 = 6,9 b = 6,9 cm **BALD**	6,9 cm →	u = 22 cm A = ? 22 : 4 = 5,5 5,5 • 5,5 = 30,25 A = 30,25 cm² **NIE**	30,25 cm² →	A = 12,25 cm² a = 3,5 cm, h = ? 12,25 : 3,5 = 3,5 h = 3,5 cm **WEIßT**
2,2 cm ↓		6,3 cm ↓	10,2 cm ↗	44 cm² ↓	4,3 cm ↙	3,5 cm ↓
A = 16,64 cm² h = 2,6 cm, a = ? 16,64 : 2,6 = 6,4 a = 6,4 cm **BLÖ**	4,6 cm →	u=26,9cm, a=8,4cm, b=8,3cm c=? 26,9 – 8,4 = 18,5 18,5 – 8,3 = 10,2 c = 10,2 cm **DU**	← 8,8 cm	A = 25,08 cm² e = 5,7 cm, f = ? 25,08 : 5,7 = 4,4 4,4 • 2 = 8,8 f = 8,8 cm **DASS**	4,4 cm →	A = 12,04 cm² b = 2,8 cm, a = ? 12,04 : 2,8 = 4,3 a = 4,3 cm **WANN**
6,4 cm ↓		12,2 cm ↓		18,27 cm² ↑	3,4 cm ↙	4,3 cm ↓
A = 23,1cm² h_c = 4,4cm, c = ? 23,1 : 4,4 = 5,25 2 • 5,25 = 10,5 c = 10,5 cm **DE**	10,4 cm →	A = 13,64 cm² h = 3,1 cm, a = ? 13,64 : 3,1 = 4,4 a = 4,4 cm **WAR**	8,8 cm →	u = 18,4 cm a = 6,3 cm, A = ? 18,4 – 2 • 6,3 = 5,8 5,8 : 2 = 2,9 2,9 • 6,3 = 18,27 A = 18,27 cm² **IST**	16,4 cm² →	u=20,5cm,b=2,8cm a=10,5cm,c=2,9cm d=? 20,5 – 2,8 = 17,7 17,7 – 10,5 = 7,2 7,2 – 2,9 = 4,3 d = 4,3 cm **DU**
10,5 cm ↓		4,4 cm ↓	84,64 cm² ↗		4,3 cm ↙	5,3 cm ↓
A=45,36cm² a=12,3cm,b=6,6cm h=? 12,3 + 6,6 = 18,9 18,9 : 2 = 9,45 45,36 : 9,45 = 4,8 h = 4,8 cm **AM**	2,4 cm →	u = 36,8 cm A = ? 36,8 : 4 = 9,2 9,2 • 9,2 = 84,64 A = 84,64 cm² **SEIN**	82,1 cm² →	A = 15,91 cm² e = 4,3 cm, f = ? 15,91 • 2 = 31,82 31,82 : 4,3 = 7,4 f = 7,4 cm **DA**	6,4 cm →	A=31,5cm² a=8,5cm, c=6,5cm h=? (8,5 + 6,5)/2 = 7,5 31,5 : 7,5 = 4,2 h = 4,2 cm **TIG**
4,8 cm ↓	2,2 cm ↗	12,4 cm² ↓	7,4 cm ↙		36,08 cm² ↗	4,2 cm ↓
u = 28,2cm a = 11,9cm, b = ? 2 • 11,9 = 23,8 28,2 – 23,8 = 4,4 4,4 : 2 = 2,2 b = 2,2 cm **FAUL**	2,1 cm →	u = 19 cm a = 6,4 cm, A = ? 19 – 2 • 6,4 = 6,2 6,2 : 2 = 3,1 3,1 • 6,4 = 19,84 A = 19,84 cm² **MIT**	19,84 cm² →	u = 25,2 cm a = 4,4 cm, A = ? 25,2 – 2 • 4,4 = 16,4 16,4 : 2 = 8,2 4,4 • 8,2 = 36,08 A = 36,08 cm² **FER**	24,6 cm² →	Ziel **BIST**

Lösungssatz:

Das Blöde am Faulsein ist, dass du nie weißt, wann du damit fertig bist.

MATHE-TRAINING ... zur Wiederholung & Festigung / Klasse 8 – Bestell-Nr. 12 996 KOHL VERLAG

Umfang und Inhalt von Drei- und Vierecken

Löse die Aufgaben, folge den Pfeilen mit den richtigen Ergebnissen, markiere den Weg (Bleistift), trage im Lösungssatz die Silben entlang des Wegs ein.

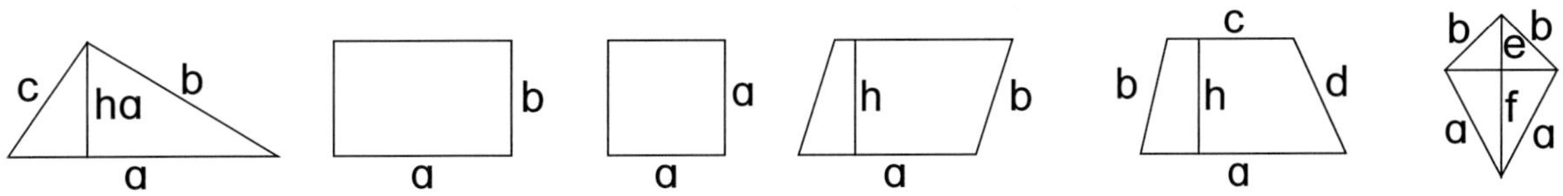

Start

a = 5,9 cm u = 29,2 cm, b=? **TO**	8,5 cm →	u = 9,6 cm a = 2,3 cm **WIR**	2,5 cm →	A = 7,15 cm² ha = 2,2 cm, a=? **UNS**	6,5 cm →	A = 26,23 cm² u = 22,6 cm, ha = 4,3 cm, b = ? **ALLES**
8,7 cm ↓	↙ 5 cm	51,84 cm² ↑	↙ 7,2 cm	7,5 cm ↓	↙ 6,2 cm	5,2 cm ↓
a=4,7cm, h_b=3,3cm u= 14,2 cm, A = ? **LE**	9,7 cm² →	u = 28,8 cm A = ? **DASS**	← 2,2 cm	A = 9,68cm², a = 4,4cm, ha = ? **REN**	22 cm →	A = 61,75 cm² a = 6,5 cm, b = ? **GE**
7,92 cm² ↓		14,4 cm² ↓		15,99 cm² ↑	↙ 8,4 cm	9,5 cm ↓
A = 15,21 cm² b=3,5cm, a=8,2cm h = ? **RANZ**	2,6 cm →	u = 18,8 cm A = ? **DARF**	9,4 cm² →	u = 24,8cm ha= 4,1cm, b= 8,5 cm, A = ? **FÜH**	13,5 cm² →	A = 29,04 cm² a = 6,6 cm, u = ? **FAL**
2,8 cm ↓		22,9 cm² ↓		4,5 cm ↑	↙ 11 cm	22 cm ↓
u = 14,4 cm A = ? **SOLL**	7,2 cm² →	A = 17,16 cm² h=4,4cm, a=6,3cm b = ? **NICHT**	2,5 cm →	u = 14,5 cm a=3,5cm, b=6,5cm c = ? **ZU**	5,5 cm →	A = 28,56 cm² a=8,1cm, b=3,1cm h = ? **LEN**
12,96 cm² ↓	↗ 10,4 cm	1,5 cm ↓	↗ 8,1 cm	13,5 cm² ↑	↙ 5,1 cm	15,1 cm ↓
u = 25,4 cm a=3,9cm,c=11,1cm b = ? **NUR**	9,4 cm →	A = 17,1 cm² e = 4,2 cm, f = ? **DA**	4,05 cm →	u = 27 cm a = 6,3 cm, A = ? **LAS**	45,36 cm² →	Ziel **SEN**

Lösungssatz: TO – LE – ______ ______ ______

____–____ ______–______, ______ ______ ______

______ ____–______–______ ______–______!

IRRGARTEN

MATHE-TRAINING ... zur Wiederholung & Festigung / Klasse 8 – Bestell-Nr. 12 996
KOHL VERLAG

Umfang und Inhalt von Drei- und Vierecken

– LÖSUNG –

Start

u = 29,2 cm a = 5,9 cm, b = ? 29,2 – 2 • 5,9 = 17,4 17,4 : 2 = 8,7 b = 8,7 cm **TO**	u = 9,6 cm a = 2,3 cm, b = ? 9,6 – 2 • 2,3 = 5 5 : 2 = 2,5 b = 2,5 cm **WIR**	A = 7,15 cm^2 ha = 2,2 cm, a=? 7,15 • 2 = 14,3 14,3 : 2,2 = 6,5 a = 6,5 cm **UNS**	A = 26,23 cm^2 u = 22,6 cm, ha =4,3 cm, b = ? 26,23 : 4,3 = 6,1 22,6 – 2 • 6,1 = 10,4 10,4 : 2 = 5,2 b = 5,2 cm **ALLES**

Pfeile: TO → WIR: 8,5 cm; WIR → UNS: 2,5 cm; UNS → ALLES: 6,5 cm; 8,7 cm; 5 cm; 51,84 cm^2; 7,2 cm; 7,5 cm; 6,2 cm; 5,2 cm

a=4,7cm, h_b=3,3cm u=14,2cm, A = ? 14,2 – 2 • 4,7 = 4,8 4,8 : 2 = 2,4 2,4 • 3,3 = 7,92 A = 7,92 cm^2 **LE**	u = 28,8 cm A = ? 28,8 : 4 = 7,2 7,2 • 7,2 = 51,84 A = 51,84 cm^2 **DASS**	A = 9,68 cm^2, a = 4,4 cm, ha = ? 9,68 : 4,4 = 2,2 ha = 2,2 cm **REN**	A = 61,75 cm^2 a = 6,5 cm, b = ? 61,75 : 6,5 = 9,5 b = 9,5 cm **GE**

Pfeile: LE → DASS: 9,7 cm^2; REN → DASS: 2,2 cm; REN → GE: 22 cm; 7,92 cm^2; 14,4 cm^2; 15,99 cm^2; 8,4 cm; 9,5 cm

A = 15,21 cm^2 c=3,5cm, a=8,2cm h = ? 3,5 + 8,2 = 11,7 11,7 : 2 = 5,85 15,21 : 5,85 = 2,6 h = 2,6 cm **RANZ**	u = 18,8 cm A = ? 18,8 : 4 = 4,7 4,7 • 4,7 = 22,09 A = 22,09 cm^2 **DARF**	u = 24,8cm ha=4,1cm, b=8,5cm, A = ? 24,8 – 2 • 8,5 = 7,8 7,8 : 2 = 3,9 3,9 • 4,1 = A = 15,99 cm^2 **FÜH**	A = 29,04 cm^2 a = 6,6 cm, u = ? 29,04 : 6,6 = 4,4 6,6 + 4,4 = 11 11 • 2 = 22 u = 22 cm **FAL**

Pfeile: RANZ → DARF: 2,6 cm; DARF → FÜH: 9,4 cm^2; FÜH → FAL: 13,5 cm^2; 2,8 cm; 22,09 cm^2; 4,5 cm; 11 cm; 22 cm

u = 14,4 cm A = ? 14,4 : 4 = 3,6 3,6 • 3,6 = 12,96 A = 12,96 cm^2 **SOLL**	A = 17,16 cm^2 h=4,4cm, a=6,3cm b = ? 17,16 : 4,4 = 3,9 3,9 • 2 = 7,8 7,8 – 6,3 = 1,5 b = 1,5 cm **NICHT**	u = 14,5 cm a=3,5cm, b=6,5cm c = ? 14,5 – 3,5 = 11 11 – 6,5 = 4,5 c = 4,5 cm **ZU**	A = 28,56 cm^2 a=8,1cm, c=3,1cm h = ? (8,1 + 3,1)/2 = 5,6 28,56 : 5,6 = 5,1 h = 5,1 cm **LEN**

Pfeile: SOLL → NICHT: 7,2 cm^2; NICHT → ZU: 2,5 cm; ZU → LEN: 5,5 cm; 12,96 cm^2; 10,4 cm; 1,5 cm; 8,1 cm; 13,5 cm^2; 5,1 cm; 15,1 cm

u = 25,4 cm a=3,9cm, c=11,1cm b = ? 25,4 – 3,9 = 21,5 21,5 – 11,1 = 10,4 b = 10,4 cm **NUR**	A = 17,01 cm^2 e = 4,2 cm, f = ? 17,01 • 2 = 34,02 34,02 : 4,2 = 8,1 f = 8,1 cm **DA**	u = 27 cm a = 6,3 cm, A = ? 27 – 2 • 6,3 = 14,4 14,4 : 2 = 7,2 6,3 • 7,2 = 45,36 A = 45,36 cm^2 **LAS**	Ziel **SEN**

Pfeile: NUR → DA: 9,4 cm; DA → LAS: 4,05 cm; LAS → SEN: 45,36 cm^2

Lösungssatz:

Toleranz darf nicht dazu führen, dass wir uns alles gefallen lassen!

IRRGARTEN

MATHE-TRAINING ... zur Wiederholung & Festigung / Klasse 8 – Bestell-Nr. 12 996
KOHL VERLAG

Volumen und Oberfläche von Quadern

Berechne Volumen und Oberfläche und male alle Felder mit den Ergebniszahlen (ohne Einheit) mit einer Farbe an.

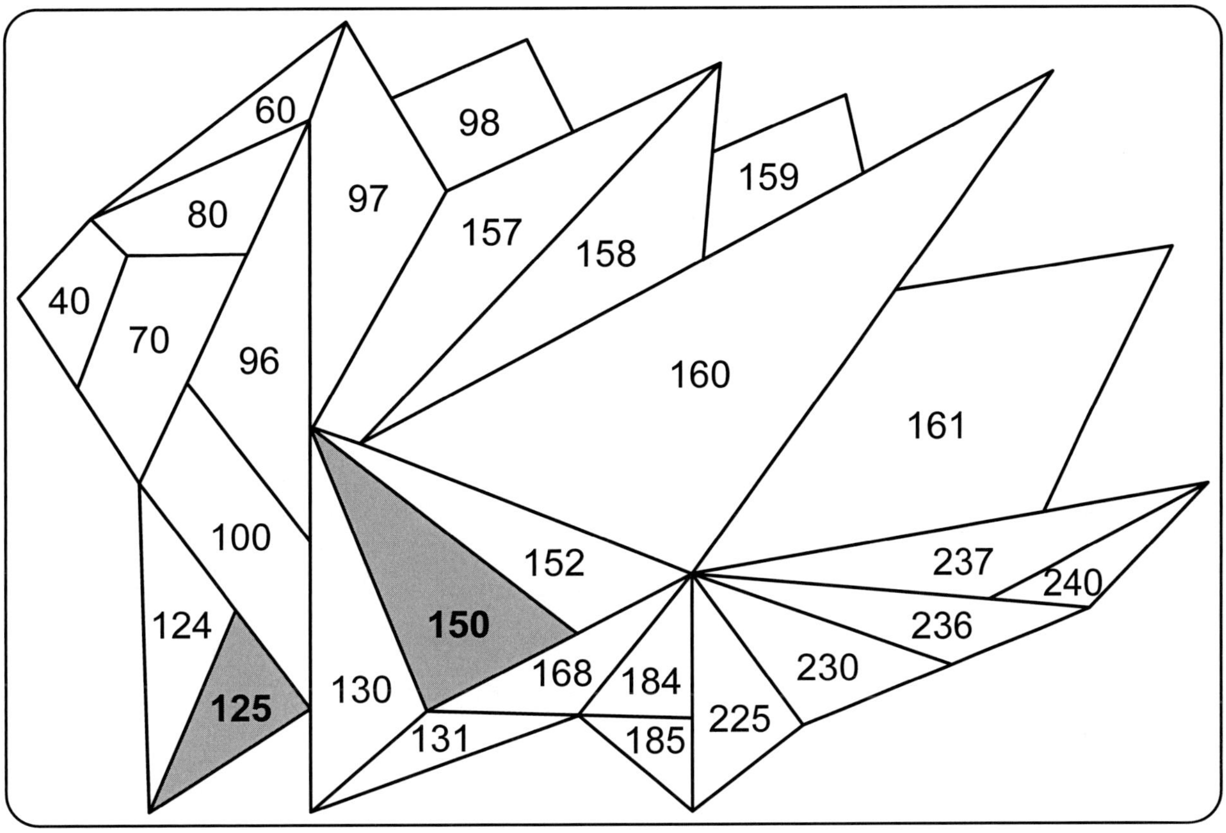

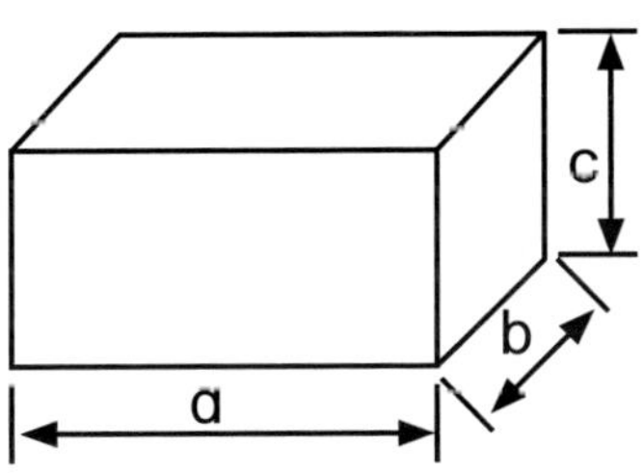

Kantenlängen a	b	c	Volumen	Oberfläche
5 cm	5 cm	5 cm	**125 cm³**	**150 cm²**
9 cm	5 cm	5 cm		
8 cm	5 cm	4 cm		
8 cm	6 cm	2 cm		
2 cm	20 cm	2 cm		
4 cm	15 cm	1 cm		
6 cm	5 cm	8 cm		
4 cm	5 cm	5 cm		

AUSMALEN

MATHE-TRAINING ... zur Wiederholung & Festigung / Klasse 8 – Bestell-Nr. 12 996
KOHL VERLAG

– LÖSUNG –

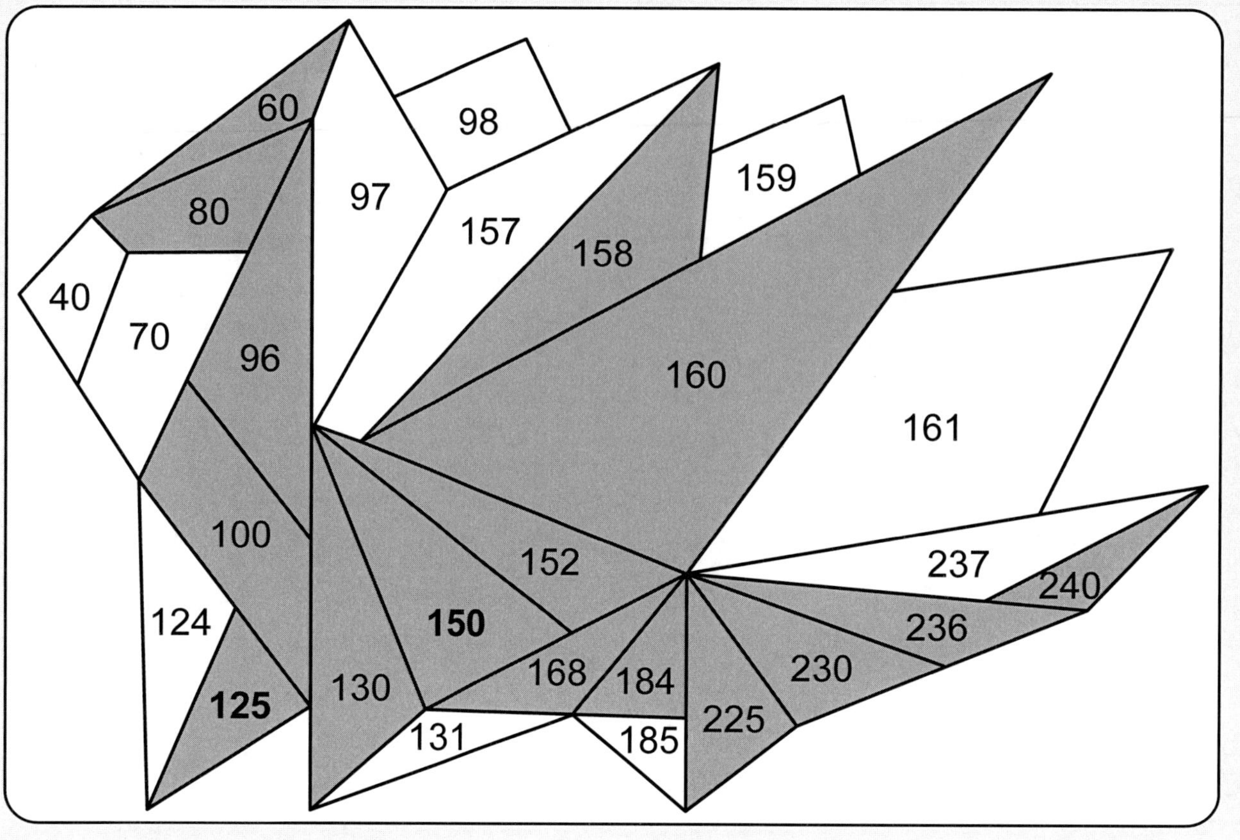

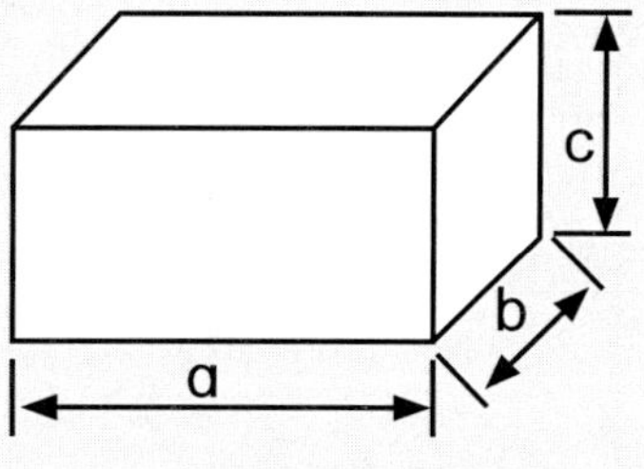

Kantenlängen a	Kantenlängen b	Kantenlängen c	Volumen	Oberfläche
5 cm	5 cm	5 cm	**125 cm³**	**150 cm²**
9 cm	5 cm	5 cm	**225 cm³**	**230 cm²**
8 cm	5 cm	4 cm	**160 cm³**	**184 cm²**
8 cm	6 cm	2 cm	**96 cm³**	**152 cm²**
2 cm	20 cm	2 cm	**80 cm³**	**168 cm²**
4 cm	15 cm	1 cm	**60 cm³**	**158 cm²**
6 cm	5 cm	8 cm	**240 cm³**	**236 cm²**
4 cm	5 cm	5 cm	**100 cm³**	**130 cm²**

KOHL VERLAG – MATHE-TRAINING ... zur Wiederholung & Festigung / Klasse 8 – Bestell-Nr. 12 996

Volumen und Oberfläche von Quadern

Berechne Volumen und Oberfläche und male alle Felder mit den Ergebniszahlen (ohne Einheit) mit einer Farbe an.

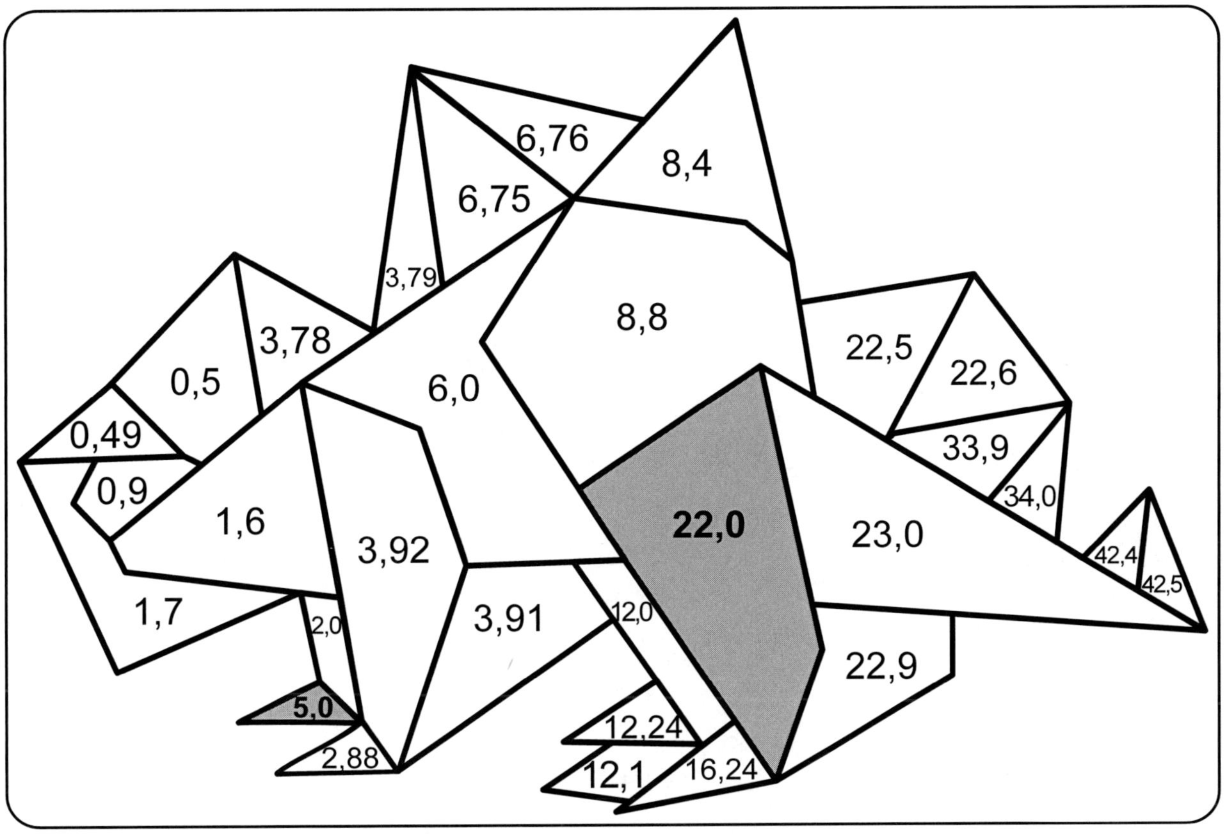

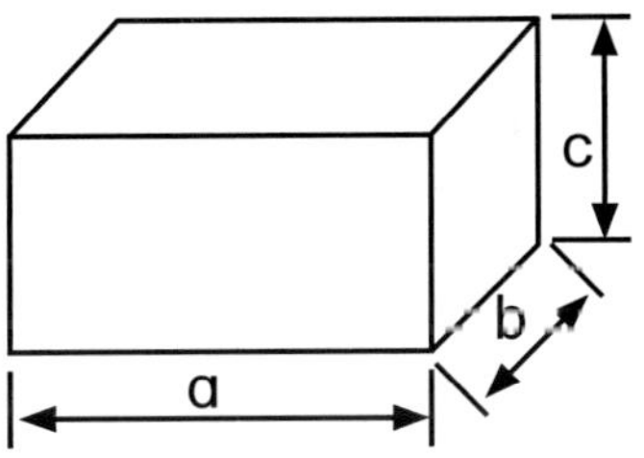

Kantenlängen a	b	c	Volumen	Oberfläche
1,0 cm	1,0 cm	5,0 cm	**5,0 cm³**	**22,0 cm²**
4,0 cm	1,5 cm	2,0 cm		
3,0 cm	1,5 cm	1,5 cm		
1,4 cm	2,8 cm	1,0 cm		
0,7 cm	0,7 cm	1,0 cm		
1,2 cm	1,6 cm	1,5 cm		
1,0 cm	0,8 cm	2,0 cm		
1,5 cm	4,0 cm	1,0 cm		
10,0 cm	0,1 cm	2,0 cm		
0,3 cm	3,0 cm	1,0 cm		

AUSMALEN

KOHL VERLAG
MATHE-TRAINING ... zur Wiederholung & Festigung / Klasse 8 – Bestell-Nr. 12 996

– LÖSUNG –

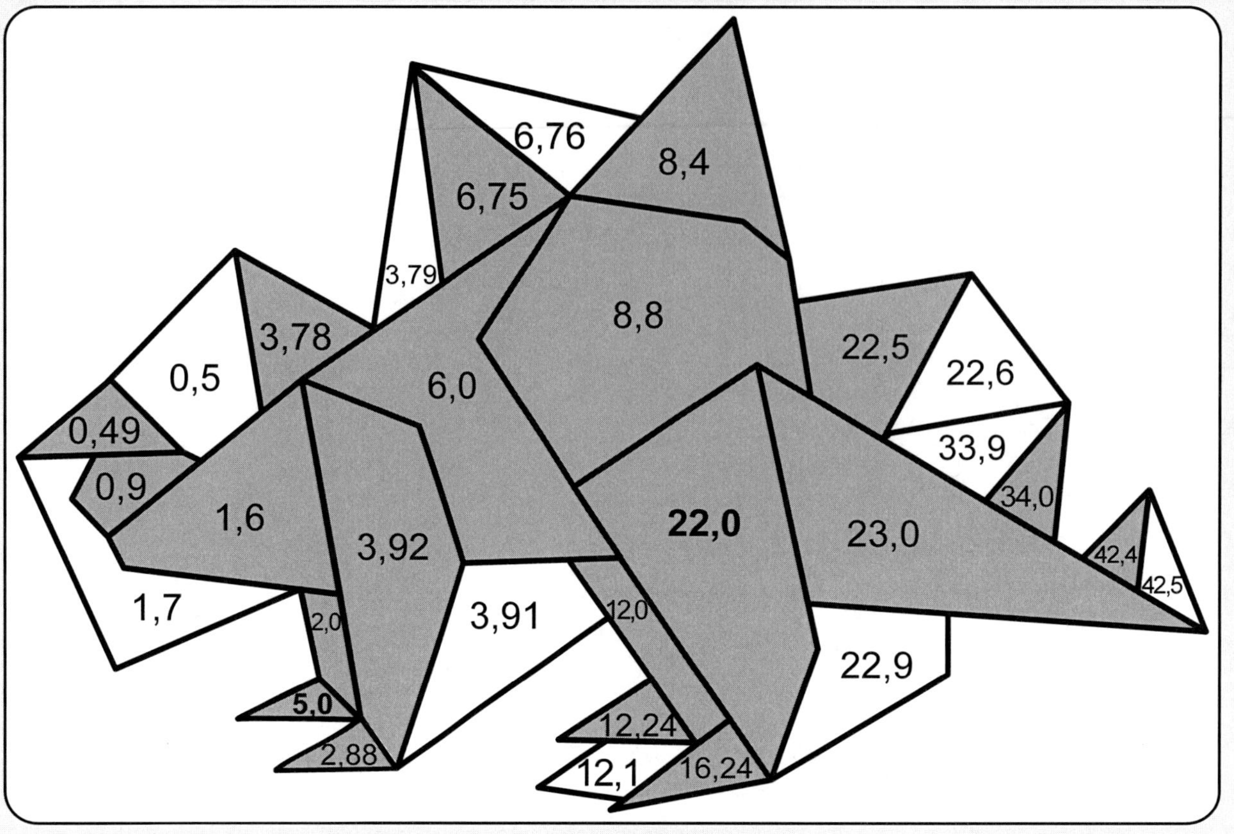

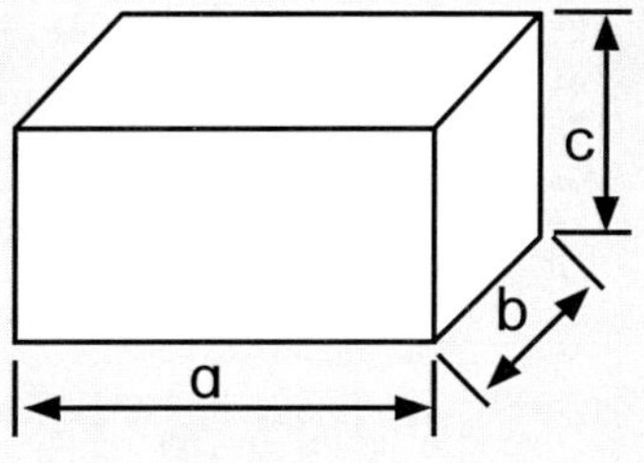

Kantenlängen a	b	c	Volumen	Oberfläche
1,0 cm	1,0 cm	5,0 cm	**5,0 cm³**	**22,0 cm²**
4,0 cm	1,5 cm	2,0 cm	**12,0 cm³**	**34,0 cm²**
3,0 cm	1,5 cm	1,5 cm	**6,75 cm³**	**22,5 cm²**
1,4 cm	2,8 cm	1,0 cm	**3,92 cm³**	**16,24 cm²**
0,7 cm	0,7 cm	1,0 cm	**0,49 cm³**	**3,78 cm²**
1,2 cm	1,6 cm	1,5 cm	**2,88 cm³**	**12,24 cm²**
1,0 cm	0,8 cm	2,0 cm	**1,6 cm³**	**8,8 cm²**
1,5 cm	4,0 cm	1,0 cm	**6,0 cm³**	**23,0 cm²**
10,0 cm	0,1 cm	2,0 cm	**2,0 cm³**	**42,4 cm²**
0,3 cm	3,0 cm	1,0 cm	**0,9 cm³**	**8,4 cm²**

AUSMALEN

KOHL VERLAG MATHE-TRAINING ... zur Wiederholung & Festigung / Klasse 8 – Bestell-Nr. 12 996

Volumen und Oberfläche von Quadern

Berechne die fehlenden Werte und male alle Felder mit den Ergebniszahlen (ohne Einheit) mit einer Farbe an.

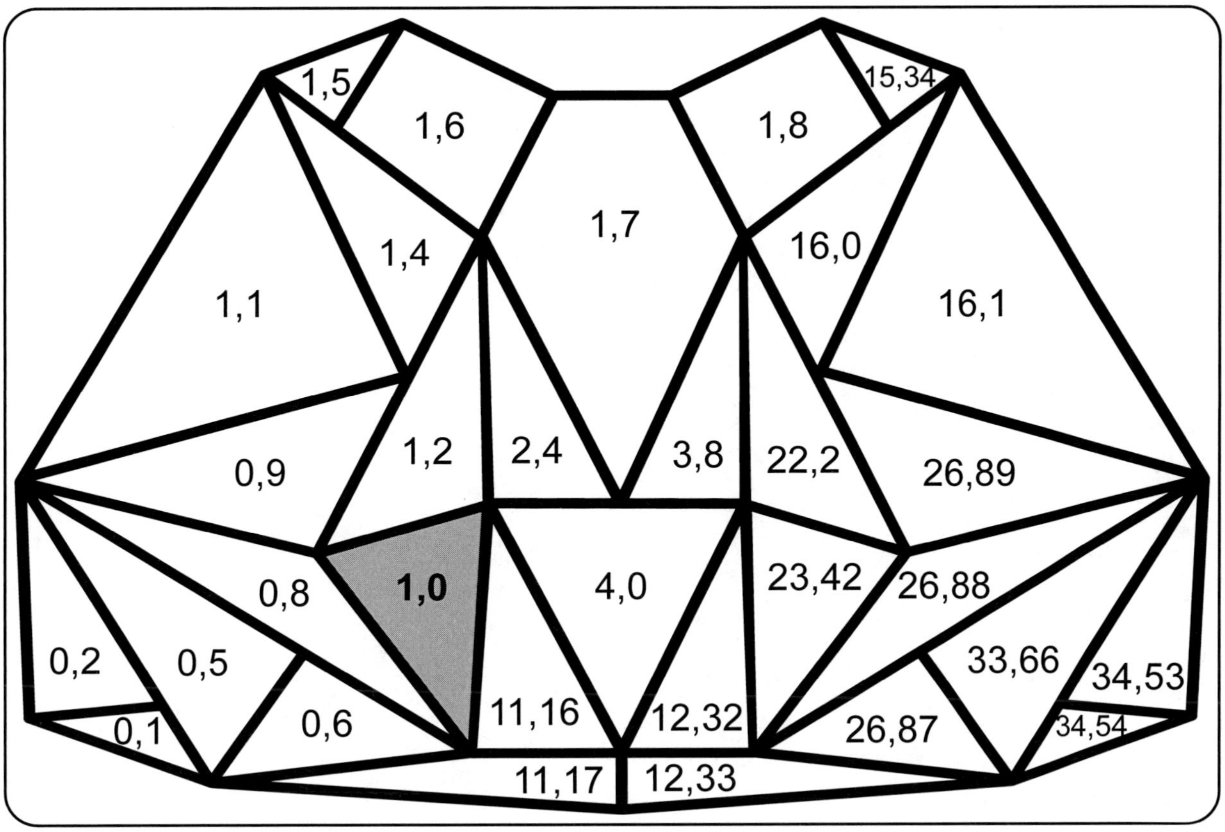

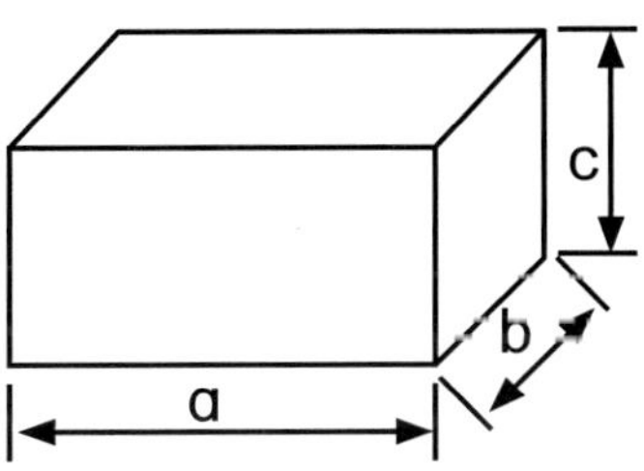

Kantenlängen a	b	c	Volumen	Oberfläche
2,1 cm	3,1 cm	**1,0 cm**	6,51 cm^3	
	2,1 cm	1,5 cm	11,97 cm^3	
1,4 cm		1,5 cm	2,94 cm^3	
0,8 cm		8,0 cm	5,12 cm^3	
	1,0 cm	10,0 cm	1,0 cm^3	
1,5 cm	1,4 cm		2,52 cm^3	
1,5 cm	1,6 cm		4,08 cm^3	
2,3 cm		2,5 cm	13,8 cm^3	
2,0 cm	2,0 cm			40,0 cm^2
	1,5 cm	2,0 cm		9,5 cm^2

AUSMALEN

KOHL VERLAG
MATHE-TRAINING
... zur Wiederholung & Festigung / Klasse 8 – Bestell-Nr. 12 996

– LÖSUNG –

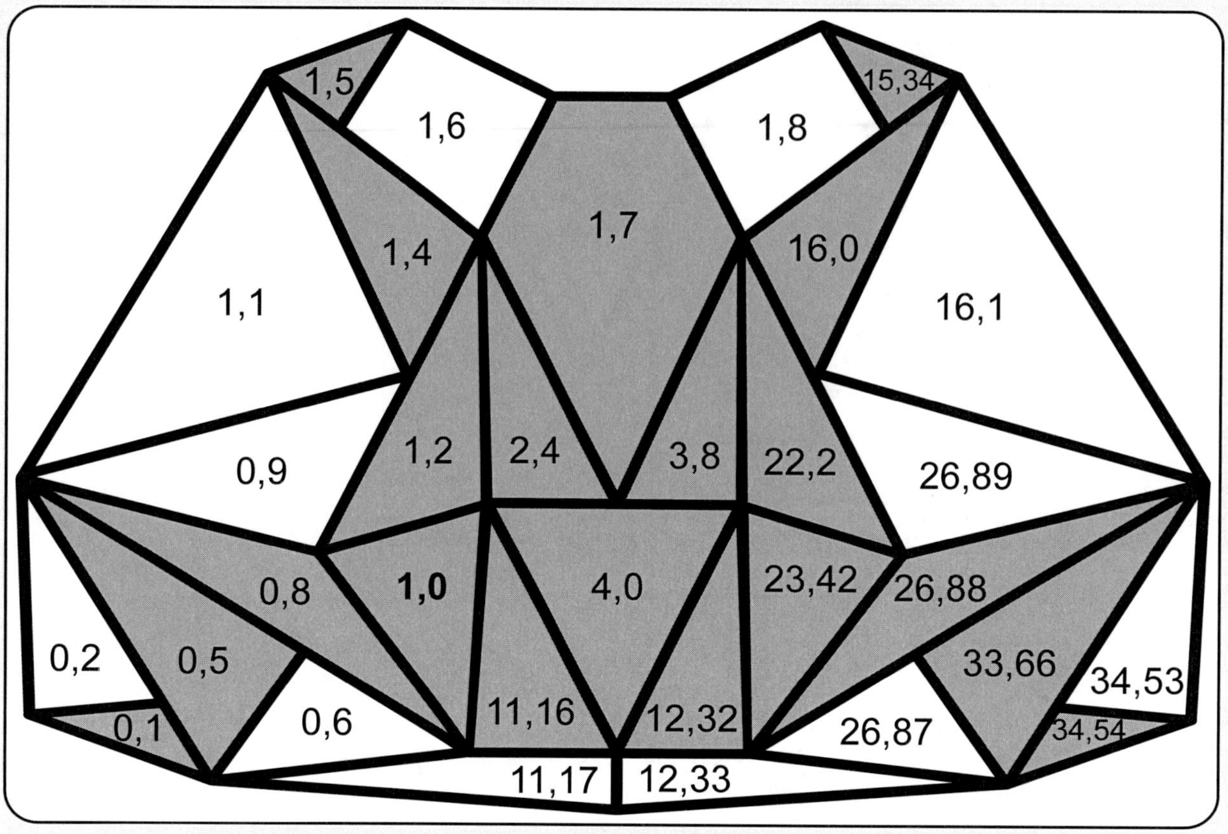

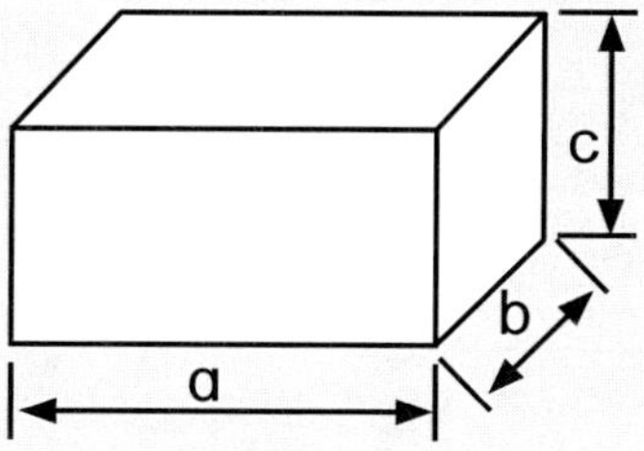

Kantenlängen a	b	c	Volumen	Oberfläche
2,1 cm	3,1 cm	**1,0 cm**	6,51 cm^3	**23,42 cm^2**
3,8 cm	2,1 cm	1,5 cm	11,97 cm^3	**33,66 cm^2**
1,4 cm	**1,4 cm**	1,5 cm	2,94 cm^3	**12,32 cm^2**
0,8 cm	**0,8 cm**	8,0 cm	5,12 cm^3	**26,88 cm^2**
0,1 cm	1,0 cm	10,0 cm	1,0 cm^3	**22,2 cm^2**
1,5 cm	1,4 cm	**1,2 cm**	2,52 cm^3	**11,16 cm^2**
1,5 cm	1,6 cm	**1,7 cm**	4,08 cm^3	**15,34 cm^2**
2,3 cm	**2,4 cm**	2,5 cm	13,8 cm^3	**34,54 cm^2**
2,0 cm	2,0 cm	**4,0 cm**	**16,0 cm^3**	40,0 cm^2
0,5 cm	1,5 cm	2,0 cm	**1,5 cm^3**	9,5 cm^2

AUSMALEN

KOHL VERLAG MATHE-TRAINING ... zur Wiederholung & Festigung / Klasse 8 – Bestell-Nr. 12 996

Rechne aus, runde auf 2 Stellen und ordne aus dem Schlüssel die richtigen Silben zu. Trage sie zeilenweise im Lösungssatz von hinten nach vorn ein.

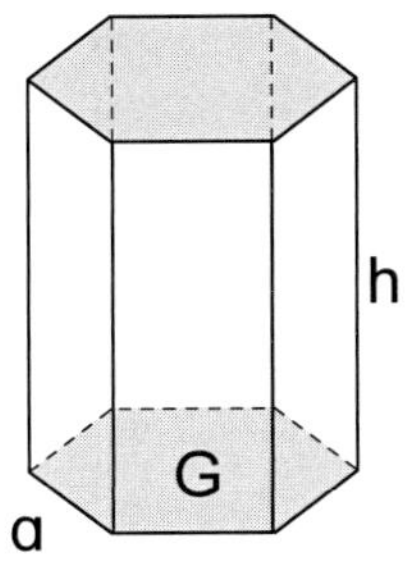

G (cm²)	a (cm)	h (cm)	O (cm²)	Silbe	V (cm³)	Silbe
103,80	2,0	2,1	**232,80**	TERN	**217,98**	GES
125,60	2,2	2,0				
84,08	1,8	2,2				
73,70	1,7	2,3				
162,19	2,5	1,5				
149,47	2,4	1,8				
114,44	2,1	1,9				
58,39	1,5	2,5				
21,02	0,9	3,0				

Schlüssel:

WE 58,24	SO 63,06	BOCK 139,28	NIG 145,98
169,51 ZU	170,86 LETZT	173,22 ODER	184,98 GES
TERN 191,92	WAR 215,10	WIE 217,44	GES 217,98
232,80 TERN	243,29 TE	251,20 UND	252,82 HEU
TE 269,05	VOR 277,60	HAT 324,86	ICH 346,88

Lösungssatz: ____ _____–_____ _______ _______ _____–_____

_____–_____ _____ _____–_______ _____–_______

_____ _____– GES – TERN.

GEHEIMSCHRIFT

KOHL VERLAG MATHE-TRAINING ... zur Wiederholung & Festigung / Klasse 8 – Bestell-Nr. 12 996

Volumen und Oberfläche von Prismen – (gleichseitiges Sechseck) | 43

– LÖSUNG –

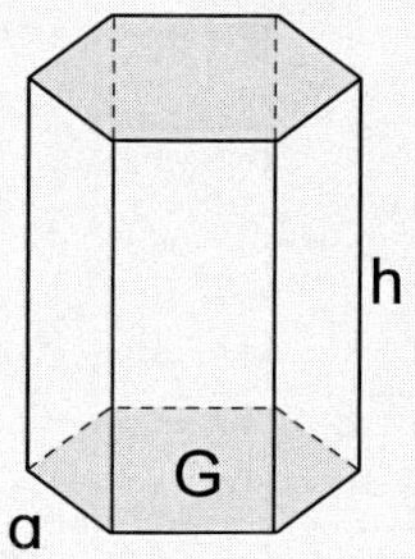

G (cm²)	a (cm)	h (cm)	O (cm²)	Silbe	V (cm³)	Silbe
103,80	2,0	2,1	**232,80**	**TERN**	**217,98**	**GES**
125,60	2,2	2,0	**277,60**	**VOR**	**251,20**	**UND**
84,08	1,8	2,2	**191,92**	**TERN**	**184,98**	**GES**
73,70	1,7	2,3	**170,86**	**LETZT**	**169,51**	**ZU**
162,19	2,5	1,5	**346,88**	**ICH**	**243,29**	**TE**
149,47	2,4	1,8	**324,86**	**HAT**	**269,05**	**TE**
114,44	2,1	1,9	**252,82**	**HEU**	**217,44**	**WIE**
58,39	1,5	2,5	**139,28**	**BOCK**	**145,98**	**NIG**
21,02	0,9	3,0	**58,24**	**WE**	**63,06**	**SO**

Lösungssatz:

So wenig Bock wie heute hatte ich zuletzt gestern und vorgestern.

KOHL VERLAG
MATHE-TRAINING ... zur Wiederholung & Festigung / Klasse 8 – Bestell-Nr. 12 996

Volumen und Oberfläche von Prismen – (Dreieck)

Rechne aus und ordne aus dem Schlüssel die richtigen Silben zu. Trage sie zeilenweise im Lösungssatz von hinten nach vorn ein.

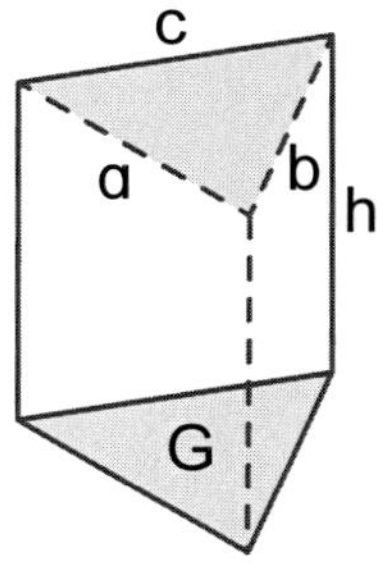

G (cm²)	a (cm)	b (cm)	c (cm)	h (cm)	O (cm²)	Silbe	V (cm³)	Silbe
75	15	20	25	7	**570**	FORT	**525**	TIS
84	17	10	21	32				
300	30	25	25	52				
1290	68	61	43	44				
336	34	20	42	40				
690	29	52	69	91				
42	15	13	14	60				
234	41	15	52	88				
306	37	20	51	80				

Schlüssel:

- 525 TIS
- 570 FORT
- 8454 UND
- 1704 GRA
- 2520 JEDER
- 2604 SEL
- 2555 HAT
- 2688 SICH
- 4512 BEN
- 9252 NUNFT
- 4760 PFLANZT
- 9972 SICH
- 10.148 DUMM
- 15.030 ER
- 13.440 WER
- 15.600 HEIT
- 20.592 MUSS
- 56.760 DIE
- 24.480 VER
- 62.790 BER

Lösungssatz: ______–______ ______ ______ ______

______–______ ______–______–______, ______ ______–______

______ ______ ______–TIS FORT.

GEHEIMSCHRIFT

KOHL VERLAG MATHE-TRAINING ... zur Wiederholung & Festigung / Klasse 8 – Bestell-Nr. 12 996

– LÖSUNG –

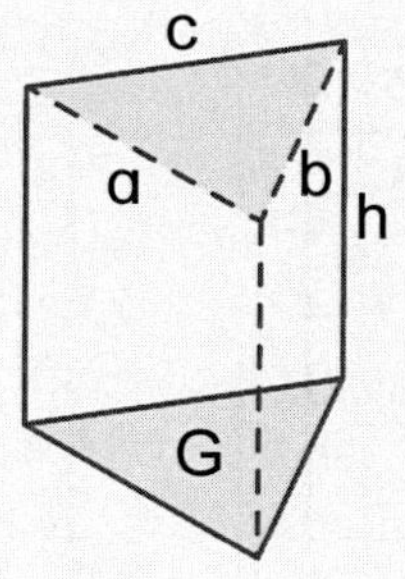

G (cm^2)	a (cm)	b (cm)	c (cm)	h (cm)	O (cm^2)	Silbe	V (cm^3)	Silbe
75	15	20	25	7	**570**	**FORT**	**525**	**TIS**
84	17	10	21	32	**1704**	**GRA**	**2688**	**SICH**
300	30	25	25	52	**4760**	**PFLANZT**	**15.600**	**HEIT**
1290	68	61	43	44	**10.148**	**DUMM**	**56.760**	**DIE**
336	34	20	42	40	**4512**	**BEN**	**13.440**	**WER**
690	29	52	69	91	**15.030**	**ER**	**62.790**	**BER**
42	15	13	14	60	**2604**	**SEL**	**2520**	**JEDER**
234	41	15	52	88	**9972**	**SICH**	**20.592**	**MUSS**
306	37	20	51	80	**9252**	**NUNFT**	**24.480**	**VER**

Lösungssatz:

Vernunft muss sich jeder selber erwerben, die Dummheit pflanzt sich gratis fort.

GEHEIMSCHRIFT

KOHL VERLAG MATHE-TRAINING ... zur Wiederholung & Festigung / Klasse 8 – Bestell-Nr. 12 996

Volumen und Oberfläche von Prismen – (Trapez)	45**

Rechne aus, runde auf 2 Stellen und ordne aus dem Schlüssel die richtigen Silben zu. Trage sie zeilenweise im Lösungssatz von hinten nach vorn ein.

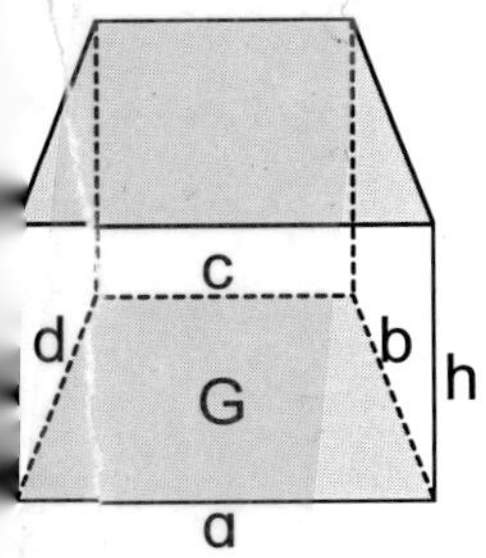

G (cm^2)	a (cm)	b (cm)	c (cm)	d (cm)	h (cm)	O (cm^2)	Silbe	V (cm^3)	Silbe
27,78	6,3	6,0	3,8	5,5	6,3	**191,64**	SE	**175,01**	NIS
13,43	4,4	3,5	3,5	3,4	7,5				
15,39	2,9	5,7	2,5	5,7	5,2				
20,16	4,6	7,0	1,7	6,4	6,6				
19,72	9,2	5,6	4,4	2,9	9,2				
11,48	1,8	8,6	0,9	8,5	3,7				
24,99	7,3	7,0	2,5	5,1	4,5				
25,38	6,6	6,6	2,8	5,4	7,1				
18,14	9,4	9,4	1,4	9,3	2,2				

Schlüssel:

39,91 MEI — **42,48** NICHT — **80,03** TER — **96,22** FALSCH

100,73 TIVE — **101,18** NE — **112,46** BEIT — **118,14** NA

133,06 NUR — **137,86** ERGEB — **148,53** IST — **170,34** AL

175,01 NIS — **180,20** MATHE — **181,42** DAS — **191,64** SE

202,70 AR — **211,23** ÜBER — **242,76** SIND — **375,50** LER

Lösungssatz: _____–_____ __________–__________–__________ __________

__________ __________, __________ __________ __________

___–_____–_____–__________ __________–NIS–SE.

GEHEIMSCHRIFT

MATHE-TRAINING
... zur Wiederholung & Festigung / Klasse 8 – Bestell-Nr. 12 996
KOHL VERLAG

Volumen und Oberfläche von Prismen – (Trapez)

– LÖSUNG –

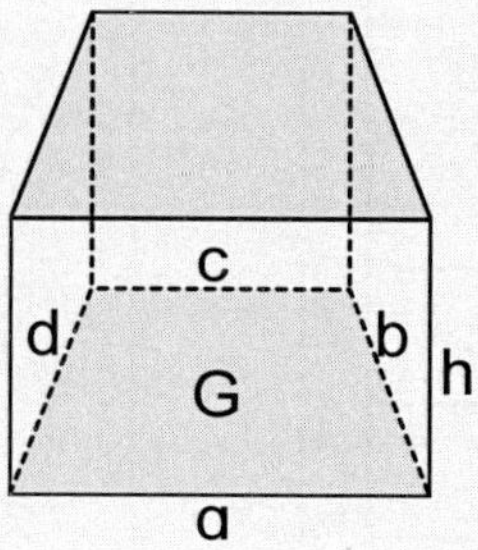

G (cm²)	a (cm)	b (cm)	c (cm)	d (cm)	h (cm)	O (cm²)	Silbe	V (cm³)	Silbe
27,78	6,3	6,0	3,8	5,5	6,3	**191,64**	**SE**	**175,01**	**NIS**
13,43	4,4	3,5	3,5	3,4	7,5	**137,86**	**ERGEB**	**100,73**	**TIVE**
15,39	2,9	5,7	2,5	5,7	5,2	**118,14**	**NA**	**80,03**	**TER**
20,16	4,6	7,0	1,7	6,4	6,6	**170,34**	**AL**	**133,06**	**NUR**
19,72	9,2	5,6	4,4	2,9	9,2	**242,76**	**SIND**	**181,42**	**DAS**
11,48	1,8	8,6	0,9	8,5	3,7	**96,22**	**FALSCH**	**42,48**	**NICHT**
24,99	7,3	7,0	2,5	5,1	4,5	**148,53**	**IST**	**112,46**	**BEIT**
25,38	6,6	6,6	2,8	5,4	7,1	**202,70**	**AR**	**180,20**	**MATHE**
18,14	9,4	9,4	1,4	9,3	2,2	**101,18**	**NE**	**39,91**	**MEI**

Lösungssatz:

Meine Mathearbeit ist nicht falsch, das sind nur alternative Ergebnisse.

KOHL VERLAG
MATHE-TRAINING

Töniges

e-Rätsel für helle Köpfe

:sblätter zur individuellen Förderung

ahlrätsel, Knobeln an magischen Quadraten, Geheimcodes, Do- spannende Bilder- und Buchstabenrätsel ... Das Grundwissen und nathematische Begriffe werden spielerisch gefestigt. So geht es punktmäßig um die Grundrechenarten. Aber auch geometrische n und Körper, Umrechnungen von Größen sowie Flächen- und nhalte werden vertiefend behandelt.

sse 5	11 151	je 80 Seiten
sse 6	11 152	ab 16,49 €

BF PDF plus — 5 6

lichael Junga

ogsch denken lernen mit Hashis

nseln mit Zahlen bzw. Punkten werden nach vorgegebenen Regeln mitei- ander verbunden. Ziel ist es, genau die vorgegebene Anzahl ein- acher und doppelter Linien auf die Insel zulaufen zu lassen, ohne ass sich die Linien kreuzen. Alle Inseln müssen zum Schluss mit- inander verbunden sein. Mit verschiedenen Schwierigkeitsstufen nd Größen!

32 Seiten	11 464	ab 11,99 €

BF — 5 6 7 8 9 10 11-13

Aichael Junga

Effektives 1x1-Training ... mit Rechenmandalas

Die mathematische Denk- & Kombinationsmöglichkeit sowie allgemeines onzentrationsvermögen werden gefördert. Die Ergebnisse werden auf- eschrieben und mittels grafischem Kontrollsystem auf Fehler überprüft. ies bietet universelle Einsatzmöglichkeiten als interessante Hausaufga- e. Zeitausgleich für schnellere Kinder beim Stationenlernen oder für den Vochenplan.

40 Seiten	11 395	ab 12,49 €

FÖ — 5 6

Aoritz Quast & Tim Schrödel

Das 1x1-Mathe-Labyrinth

pannendes Knobeln für Schlaumeier!

0 verschiedene Labyrinthe zum kleinen und großen Einmaleins je- veils in DIN-A5-Größe, die durch Geschicklichkeit und Konzentration elöst werden können. Die Kopiervorlagen sind sowohl zum Einsatz in er Grundschule als auch in der SEK I konzipiert. So wird das große nd das kleine Einmaleins spielerisch verinnerlicht und gefestigt. Bei chtiger Lösung ergibt sich aus dem Weg durchs Labyrinth ein Lö- ungswort.

64 Seiten	11 325	ab 14,49 €

FÖ PDF plus — 5 6

athrein Schadow & Hans-J. Schmidt

Mathe-Memo

pielerisch Stoffgebiete wiederholen

 nicht einmal Altbekanntes nutzen, um Stoffgebiete wie Bruch- ung, Zahlensysteme oder Lineare Funktionen zu vertiefen? Die orm Memo folgt der Forderung nach methodischer Ab- lung und kann in Vertretungs- und Wiederholungsstunden uch bei der Öffnung vom Unterricht (z.B. in Lernzirkeln) zt werden.

6 Seiten	12 004	ab 15,99 €

5 6 7 8 9 10

ons Weinem

ätselsammlung MATHE

ne Freiarbeitstheke für die Sekundarstufe

ese Rätselsammlung bietet eine ganze Palette mathematischer itsel und Logeleien: Von Zahlenreihen und -spielen über Textauf- ben zum Knobeln und Klassiker mit Dreisatz und Zinseszins bis beliebten Zahlenrätseln aus Japan, Sudoku und Kakuro. Auch Umsetzung der Mathematik kommt nicht zu kurz: Mit Aufgaben m technischen Vorstellungsvermögen kann getestet wer- n, wie schnell Gewichte, Volumen und Drehbewegungen rechnet werden können. ***Übungen in allen Schwierig- itsgraden – und das ganze im Taschenformat!***

40 Seiten	12 617	ab 12,49 €

BF — 5 6 7 8 9 10

ra Pichlhöfer

athe ohne Rechnen

Denksportaufgaben mit Selbstkontrolle

Mathe-Rätsel begeistern die Schüler mit herausfordernder nkarbeit von Mathe-Begriffen bis zu geometrischen Konstruk- en. Pfiffige Rätselformen fördern die Motivation, die Lösungen zuarbeiten. Verschiedene Schwierigkeitsgrade unterstützen bei der Vorbereitung für Ihren Unterricht und die notwendige erenzierung. Alle Rätsel sind praxiserprobt und für eine Selbst- trolle ausgelegt. Damit sind Sie bestens gerüstet für den kom- nden Unterricht.

84 Seiten	12 287	ab 16,49 €

7 8 9

Melanie Schnurr

SCRATCH für die Schule

Scratch ist eine bildungsorientierte visuelle Pro- grammiersprache mit dem Ziel, das Grundkonzept der Programmierung näher zu bringen. Das Pro- grammieren fördert das logische Denken und tech- nische Verständnis. Scratch ist frei verfügbar in über 150 Ländern bzw. über 40 Sprachen. In die- sem Heft gibt es neben Erklärungen und Übungen zum Aufbau von Scratch kleine Programme zum Ausprobieren. Außerdem werden wichtige Funkti- onen wie das Erstellen einer Schleife gezeigt, die dazu dienen, komplexere Aufgabenstellungen zu verstehen und eigene Programme zu erstellen. Abgerundet wird das Heft mit den Anleitungen von kleinen Scratch-Spielen, die nachprogrammiert werden können.

56 Seiten	12 744	ab 14,49 €

7 8 9

Hrsg: Kohl-Redaktionsteam

Logikrätsel Mathematik

Pfiffige Logicals zum Training logischen Denkens

Mit den 30 Logikrätseln werden die Gehirnzellen ordentlich an- gestrengt – und nebenbei wird auch noch Wissen zum Fach Mathematik vermittelt! Auf angenehme Art und Weise beschäf- tigen sich die Schüler mit wichtigen Inhalten und wiederho- len und festigen, ohne sich dessen wirklich bewusst zu sein. Logikrätsel erhöhen die geistige Fitness. Sie sind ein ideales Training für den Kopf, erhöhen die Konzentration und machen einfach nur Spaß!

40 S.	11 087	ab 12,49 €

BF PDF plus — 5 6

Stefan Lamm

Kreuzworträtsel MATHE

34 Kreuzworträtsel zur Prüfung & Festigung

Rätsel begleitend zum Lehrplan aller Schuljahre in der Sekun- darstufe. Der Einsatz dieser Rätsel schult das mathematische Allgemeinwissen, denn auch in Mathe gibt es unerlässliche Vokabeln, deren Bedeutung jeder kennen sollte. Die Kreuz- worträtsel sind außerdem bestens geeignet für Vertretungs- stunden, den fachfremden Themeneinstieg oder die Wiederholung bzw. Zusammenfassung eines Themen- bereichs.

48 Seiten	12 235	ab 12,49 €

PDF plus — 5 6 7 8 9 10

Barbara Theuer

Mathe-Nüsse knacken

Rätsel rund um Weihnachten

Rätsel ganz verschiedener Art und Schwierigkeit werden geboten; es geht aber immer um das Thema Weihnachten. Dabei kommt schon die richtige Stimmung auf, man kann aber durchaus noch Mathematik üben. Anspruchsvollere Themen wie geometrische Reihe, aber auch praktische wie die Konstruktion von Sternen als regelmäßige Figuren oder Berechnung der Adventssonntags-Daten. Zur Auflockerung gibt es Rätsel mit Gedichten, Texten über St. Martin oder Nikolaus – oder einfach Worträtsel.

64 Seiten	12 930	ab 14,99 €

PDF plus — 5 6

Jörg Krampe & Rolf Mittelmann

Mathe-Training

zur Wiederholung & Festigung

45 motivierende Übungen

NEU

In jedem Band der Reihe wird der für die Klassenstufe relevante Stoff trainiert. Gegliedert nach Themen, stehen zu jedem Bereich 3 Übungsseiten zur Verfügung – grund- legendes, mittleres und anspruchsvolles Niveau. So können alle Schüler individuell am gleichen Mathe-Thema arbeiten. Die Ergebnisse der Aufgaben sind so ange- ordnet, dass sich beim Lösen jeweils ein lustiger Text oder ein Bild ergibt, wodurch sich zugleich die Selbstkontrolle ergibt. Dieses beliebte Prinzip wird durch Aus- malen, Geheimschrift, Bild aus Punkten, Domino, Rechenfeld, Irrgarten realisiert.

Durch die Lösungen auf der Blattrück- seite wird der Einsatz in Übungsphasen des Unterrichts, im Förderunterricht, in Vertretungsstunden oder bei den Haus- aufgaben erleichtert.

Klasse 5	13 025	
Klasse 6	13 026	
Klasse 7	12 999	
Klasse 8	12 996	
Klasse 9	13 027	je 96 Seiten
Klasse 10	13 028	ab 18,99 €

FÖ PDF plus — 5 6 7 8 9 10

- **üben & wiederholen**
- **knobeln & dranbleiben**
- **effektiv & motivierend**

Klasse: 5, 6, 7, 8, 9, 10, 11-13

Mathematik

Üben zu Hause

Hans-J. Schmidt

Täglich Mathe üben!

Grundlagen für jeden Tag

*Grundkenntnisse regelmäßig zu wiederholen ist wichtig! Der vergessene oder verpasste Stoff ist kompakt und übersichtlich abrufbar. Jeder Flyer behandelt ein Thema kurz & knackig: **Vorderseite:** leicht verständliche Erklärungen; **Innenteil:** gelöste Beispiele zum Nachvollziehen sowie Aufgaben zum Selberlösen; **Rückseite:** Lösungen*

88 S.	12 553	ab 16,49 €	FÖ	5 6

Dirk Meyer

Grundwissen MATHEMATIK

... kinderleicht erklärt

Jeder Band enthält zahlreiche Kopiervorlage randgefüllt sind mit dem Grundwissen der j gen Klassenstufe. Die elementaren Grundrege Mathematik werden detailliert erklärt. Motivie Übungsaufgaben zu jedem Sachverhalt, die sic den üblichen gewohnten Aufgaben positiv abh machen das Material einmalig. Die Arbeitsblätte so strukturiert, dass sich die Mathematik kinde erklärt. Übersichtliche und ausführliche Lösunger im DIN-A5-Kartenformat) runden das Ganze ab.

Klasse	Nr.	
Klasse 5	11 534	
Klasse 6	11 535	
Klasse 7	11 570	
Klasse 8	11 806	
Klasse 9	12 528	je 104 Seiten
Klasse 10	12 529	ab 20,99 €

FÖ PDF plus

Petra Hartmann

Intensivtrainer Rechnen

Dyskalkulie offensiv angehen

In diesen Trainingsbüchern finden sich viele verschiedene Matheaufgaben für die Klassenstufen 5/6. Die Aufgaben im Zahlenraum bis 1 Mio. und darüber hinaus sind leicht verständlich und können selbstständig erarbeitet werden. Mit Hilfe der Lösungen im Anhang können die Schüler die Aufgaben selbst überprüfen.

124 S.	Klasse 5	12 671	ab 22,49 €
148 S.	Klasse 6	12 672	ab 23,49 €

FÖ 5 6

Axel Gutjahr

Mathe lernen ... mit Skat Kopfrechnen spielersch übe

Wichtig ist: Kopfrechnen und Einmaleins ständig zu üben. Das geht beir Skatspielen gerade so wie nebenbei; Spielen motiviert. Darüber hinaus wird auch das Beobachten, Merken der Karten und Kombinieren im Kopf, also auch höhere mathematische Fähigkeiten trainiert. Wer einmal Mathe spielerisch erlebt, der bleibt dabei!

56 Seiten	12 743	ab 14,49 €	FÖ INK

Andrea Schinhärl

Der innovative Dyskalkulietrainer

Schnelle Soforthilfe bei Dyskalkulie

*Die Übungen widmen sich den größten Problemfeldern des Rechnens. Ein Abschlusstest reflektiert das Gelernte. Die Kopiervorlagen sind auch zum häuslichen Üben oder für Trainingseinheiten im Regelunterricht geeignet. Der **Band 2** ist die konsequente Fortführung mit vielen neuen praxiserprobten Übungen.*

FÖ INK PDF plus

76 S.	Band 1	10 870	ab 16,49 €
80 S.	Band 2	12 313	ab 16,49 €

5 6 7 8

Michael Junga

Kopfrechentraining bis 1000

Je 48 Übungsvorlagen, mit deren Hilfe Kopfrechnen und mathematische Denk- und Kombinationsvermögen geschult werden. Jede Aufgabe ist m einem Symbol verbunden, das die Schüler den passenden Lösungen zu ordnen können. Mit der integrierten Selbstkontrolle kann anschließend di Richtigkeit selbst überprüft werden.

48 Seiten	11 963	ab 14,49 €	FÖ INK

Stefan Lamm

Mein Mathe-Malbuch

Band 7: Brüche kennenlernen

Die Kinder lernen Bruchteile zu erkennen und benennen. Es sollen Brüche mit passenden Mustern kombiniert werden und schließlich stehen auch erste, einfache Rechnungen mit Brüchen zur Verfügung. Ganz nebenbei entstehen kleine Kunstwerke, die den Klassenraum schmücken können und als schöne Erinnerung an die Lernschritte für spätere Zeiten dienen können.

32 Seiten	12 667	ab 11,99 €	FÖ INK	5 6

Michael Junga

Effektives 1x1-Training ... mit Rechenmandalas

Die mathematische Denk- & Kombinationsmöglichkeit sowie allgemeine Konzentrationsvermögen werden gefördert. Die Ergebnisse werden aufge schrieben und mittels grafischem Kontrollsystem auf Fehler überprüft. Die bietet universelle Einsatzmöglichkeiten als Hausaufgabe. Zeitausgleich fü schnellere Kinder beim Stationenlernen oder für den Wochenplan.

40 Seiten	11 395	ab 12,49 €	FÖ

Cornelia Gutjahr

Keine Angst mehr vor Brüchen

In detaillierten Schritten wird die Herangehensweise zur Lösung von Bruchrechnungs- und Dezimalzahlenaufgaben erläutert. Zahlreiche Beispielaufgaben, zu denen ausführliche Lösungswege mit angegeben sind, bieten den Schülern sehr gute Möglichkeit, das erworbene Wissen zu festigen. Das Material ist so aufbereitet, dass sich Schüler sowohl die gesamten Grundlagen der Bruch- und Dezimalzahlenrechnung als auch einzelne Themenabschnitte sogar im Selbststudium problemlos aneignen und dadurch versäumten Stoff schnell nachholen können.

96 Seiten	12 924	ab 18,99 €	6 7 8

Michael Junga

Räumliches Denktraining

Visuelle Wahrnehmungsschule

Die Übungen stärken das räumliche Denken. Die visuelle Wahrnehmun gefördert, die Lage-Raum-Beziehungen gestärkt. Das Material ist über lich und zielorientiert strukturiert. Die vielfältigen Übungen eignen sich f Einsatz in allen Altersstufen und zur Wiederholung & Förderung.

40 Seiten	11 396	ab 12,49 €	FÖ

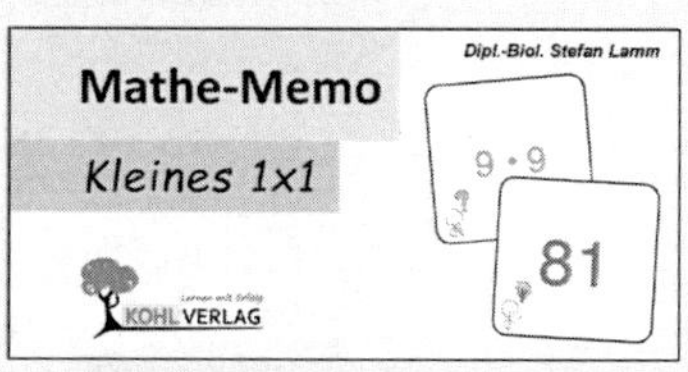

Dipl. Biol. Stefan Lamm

Mathe-Memo / Kleines 1x1

TIPP

Spielerisches Kopfrechentraining

- *spielerisch das Einmaleins erlernen*
- *wichtige mathematische Grundlage schaffen*

110 Karten	16 501	12,95 €	FÖ INK	5 6 7 8

Stefan Lamm

Räumliches Denktraining / Band 2

Entscheidend genutzt wird in diesem Übungsmaterial das Zusammensp von Auge und Hand. Dabei kann das Anfassen und Herumdrehen von O jekten eben auch „im Kopf" passieren. Auf diese Weise wird ein Objekt drei mensional in der Vorstellung verankert, das Konzept der Oberfläche und d des Volumens als solche müssen erst angelegt werden.

56 Seiten	12 513	ab 13,49 €	FÖ

Dipl. Biol. Stefan Lamm

Legelernspiel / Geometrie

Grundlagen der Geometrie

- *spielerisch Grundlagen lernen*
- *wichtige mathematische Grundlage schaffen*

100 Karten	16 502	12,95 €	FÖ INK	5 6 7 8

Michael Junga

Intelligente Spiegelrätsel Räumliches Denktraining

Differenzierte Vorlagen zum sachgerechten Anfertigen von Spiegelbilde mit einer oder mehreren Spiegelachsen. Visuelle Übungen mit dem Schwe punkt Figur-Grund-Wahrnehmung fördern die Auge-Hand-Koordination s wie die Konzentration. Das fertige Bild kann farbig ausgestaltet werden.

64 Seiten	11 394	ab 14,99 €	FÖ

Jürgen Tille-Koch

Starter-Kit Mathe – Grundbegriffe

Größen, Grundrechenarten, Zahlenbegriffe, Geometrie

Die wichtigsten Grundbegriffe zu den Größen, Grundrechenarten, Zahlen und zur Geometrie werden wiederholt, zusammengefasst und kurz und anschaulich dargestellt. Einfache Aufgabenstellungen festigen das Grundwissen und wenden es an.

24 Seiten	12 373	ab 10,99 €